数智管理系列

DIGITAL TRANSFORMATION
REINVENTING AND UPGRADING

数字化转型
重塑与升级

黄希理 徐鹏 杨烨 叶翔 / 著

企业管理出版社
ENTERPRISE MANAGEMENT PUBLISHING HOUSE

图书在版编目（CIP）数据

数字化转型：重塑与升级 / 黄希理等著. —北京：企业管理出版社，2022.9
ISBN 978-7-5164-2713-2

Ⅰ.①数… Ⅱ.①黄… Ⅲ.①数字技术—应用—企业管理—研究 Ⅳ.① F272.7

中国版本图书馆 CIP 数据核字（2022）第 171776 号

书　　名：	数字化转型：重塑与升级
书　　号：	ISBN 978-7-5164-2713-2
作　　者：	黄希理　徐鹏　杨烨　叶翔
责任编辑：	蒋舒娟
出版发行：	企业管理出版社
经　　销：	新华书店
地　　址：	北京市海淀区紫竹院南路 17 号　　邮　编：100048
网　　址：	http://www.emph.cn　　电子信箱：emph001@163.com
电　　话：	编辑部（010）68701638　　发行部（010）68701816
印　　刷：	河北宝昌佳彩印刷有限公司
版　　次：	2022 年 9 月第 1 版
印　　次：	2022 年 9 月第 1 次印刷
开　　本：	710mm×1000mm　　1/16
印　　张：	15.5 印张
字　　数：	195 千字
定　　价：	68.00 元

版权所有　翻印必究　·　印装有误　负责调换

序 PREFACE

从"结绳记事"到"仓颉造字",再到"数据建模",数据一直伴随着人类社会的发展变迁。随着科技的进步和社会的发展,经济不断向纵深拓展,数字经济已成为我国经济社会发展的新动能,是传统产业提质增效的新蓝海。当实体经济插上数字化的翅膀时,"很多不可能变成了可能"。

数字经济主要包括两大部分:一是数字产业化,也称为数字经济基础部分,即信息产业,具体业态包括电子信息制造业、信息通信业、软件服务业等;二是产业数字化,即"互联网+",包括应用数字技术所带来的生产数量和生产效率的提升,其新增产出是数字经济的重要组成部分。如果把数字经济比作躯体,数字金融就是血脉,数据资产则是居于核心地位的心脏。以资产数字化为特征的数字产业化和产业数字化创新,是一个全新的体系,或将重构传统产业运行方式、服务模式乃至整个生态。我国超大规模的市场为数字经济发展提供了丰富的应用场景。数字经济不仅实现了自身的快速发展,也成为推动传统产业升级改造的重要引擎。国务院发展研究中心与戴尔(中国)有限公司联合发布研究报告《传统产业数字化转型的模式和路径》,指出数字化转型的实施分四个阶段:第一阶段(2018—2020年)开展数字化转型试点;第二阶段(2021—2025年)推进中小企业进行数字化转型;第三阶段(2026—2030年)实施企业内到行业的集成;第四阶段(2031—2035年)构建完整的生态系统。

一、数据资产化

今天，世界上的各行各业正在进行一场数字革命，制造、医疗、食品、出版等传统行业忙于打造属于自己的数字内容和架构，形成了海量的数据资产。数据资产是通过数字化存储、在线化使用，利用数据挖掘给企业带来经济利益的信息集合，包含数字、文字、图像、方位、社交信息等，可量化、可数据化、可价值化的信息都是数据资产。"互联网+"行动计划被写入《2015年政府工作报告》，极大地推动了移动互联网、云计算、大数据、物联网等与现代制造业的结合，为数据资产的价值体现和价值倍增打下了基础。作为资产的数据，表现出两种形式：其一是用数据帮助现有产品带来收益，其二是将数据本身变为可带来收益的产品。

第一，使用价值变现。数据帮助现有产品实现收益，数据助力现金牛，即数据本身不产生价值，但数据作用于现金牛产品，使其在创造收益、降低成本上有更好的表现。这是一种数据"内消"的方式，即一般收集、整理和分析企业内部在生产经营中产生的数据，用于服务企业经营决策、业务流程，从而提升产品业绩。例如，各通信运营商都有成熟的、高价值用户关怀维护体系，会定期分析高价值用户的套餐状态、消费情况、使用异常等，适时采取关怀维护策略，如在用户套餐即将到期时，通过一定的续约优惠（续约送手机、充值返话费等）吸引用户续约，延长稳定收益的时间。

第二，数据价值变现。在合法合规的前提下，以数据进行各种形式的交易，赋予数据价值，是让数据本身成为现金牛。高价值的数据必须与资金链连接，通过资金链呈现，并且具有资金管控相关能力，同时，通过具备数据管控能力的系统来呈现，能随时通过报表分析的方式，以标准接口的形式连接到需要提供数据的合作方。能为企业带来价值的，不是"数据"本身，而是可以消除信息不对称的"信息"。因此，打造数据驱动的数据产品，是数据驱动流程的精细化、智能化；打造数据驱动的服务产品，是数据资产变现的路径。

二、数字化重塑

数字化转型将给中国传统产业带来诸多益处，包括：使 IT 系统快速迭代，提升业务敏捷度；优化生产过程，提高生产效率；延伸产业链，扩展服务环节。

数字化重塑实际上是商业模式要围绕业务增长重新定义。如何实现业务增长？这要求企业的产品体验要以客户为中心，利用新的技术，整合内外部资源，做到整个供应链流程自动化，实现数字化供应链平台。云计算、大数据、物联网技术的蓬勃发展，有助于实现产品和服务的便捷性、灵活性，促进企业的数字化转型。数字化重塑首先是将供应链、价值链融合成一个网状连接，使得供应链和价值链上下游各个节点互联互通。这种连接的重点在人和数字化资产。数字化重塑后的供应链和价值链应该是动态、即时的网络，数据通过技术在各个节点流转，驱动整个供应链业务流转和价值链分配，以实现自动化、智能化，而且供应链和价值链上的每一个参与者都是整个网络的赋能者。

三、数字化升级

数字化可以为客户带来价值，为用户带来实惠；数字化可以为企业带来利润，为组织带来活力；数字化可以为盟友带来利益，为自身带来效益；数字化可以为行业带来生机，为产业带来希望。中小企业要实现数字化升级，绝不能照搬西方"颠覆""变革"的经验，而应创新供应链管理和供应链金融的发展。因此，数字化升级必须做到以下三点：一是需求响应更快，成本利用更高效且可持续性强；二是多渠道间的预测、仓储、运输、交付实现同步，减少系统导致的延迟；三是重视边缘计算技术带来的实时可视性，提升机器学习驱动实现的供应链流程梳理优化能力。

对于数字化重塑与升级，企业要创新性地继承和发扬中华民族"和"的智慧，由表及里、步步为营地解决问题，才是企业生存和腾飞的关键。金融行业数字化重塑与升级必须实现价值生态化，商业数字化重塑与升级必须实现供应链圈层化，业务经营数字化重塑与升级必须实现企业资产循环化，产品数字化重塑与升级必须实现研发经销闭环化，营销数字化重塑与升级必须实现销售客服全息化。

目录
CONTENTS

第一章　数字经济蓬勃发展　/ 001

一、数字经济的崛起　/ 010

二、大数据：数字经济的"助推器"　/ 020

三、价值共创：数字化转型的"引擎"　/ 028

四、"数字+实体"打造数字中国　/ 036

第二章　数据资产化　/ 049

一、聚焦数据资产化　/ 056

二、价值变现　/ 065

三、数据资产化的升级　/ 072

四、数据资产化与安全　/ 082

第三章　供应链金融　/ 095

一、认知供应链金融　/ 102

二、供应链金融的数字化模式　/ 110

三、数字供应链与价值链的融合　/ 115

四、供应链金融未来的发展　/ 123

第四章　平台生态　/ 135

一、探究数字平台生态　/ 143

二、自组织协同演化　/ 150

三、平台化转型之路　/ 158

四、平台生态圈模式　/ 167

第五章　数字生态圈　/ 181

一、探索数字生态圈　/ 189

二、数字产业化：信任体系的重构　/ 194

三、产业数字化：高质量发展动力　/ 207

四、数据资产化：协同创新润滑剂　/ 215

参考书目　/ 231

第一章

数字经济蓬勃发展

第一章　数字经济蓬勃发展

开篇小语

从二十世纪末至今，伴随着人工智能、云计算等现代信息技术的发展，数字经济已成为一个新兴经济形态并在全球范围内快速崛起，成为国际经济发展的新方向和推动世界发展的新动力。新的技术变革和生产改造为中小企业提供了新的机会，而发展数字企业成为抓住新机遇的重要方式。我国数字经济的持续健康发展，既有助于经济增长格局的形成，也有助于社会主义市场经济体系的发展，增强了国家在国际市场中的竞争优势。近年来，我国在发展数字经济方面取得了巨大成就，截至2022年7月我国数字经济发展始终呈现稳中向好的发展态势，产业规模持续快速增长，已数年稳居世界第二。

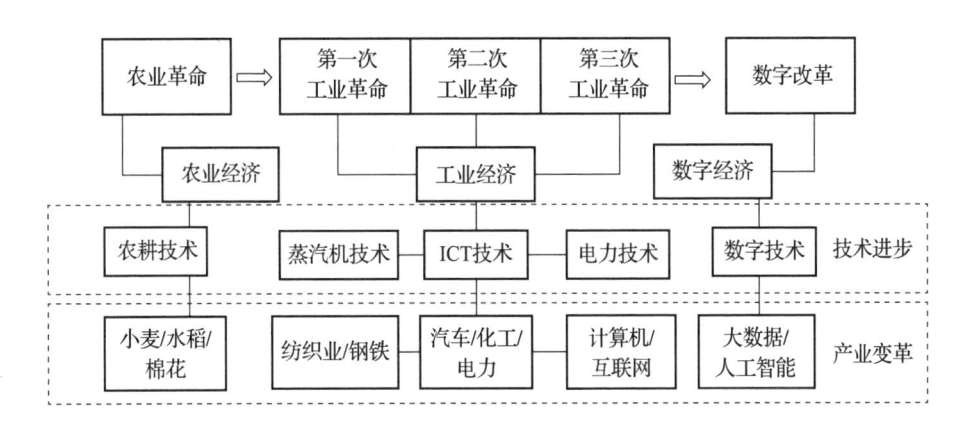

农业革命	第一次工业革命	第二次工业革命	第三次工业革命	数字改革	
农业经济		工业经济		数字经济	
农耕技术	蒸汽机技术	ICT技术	电力技术	数字技术	技术进步
小麦/水稻/棉花	纺织业/钢铁	汽车/化工/电力	计算机/互联网	大数据/人工智能	产业变革

"当前整个社会正处在数字化转型的过程中，大数据是数字化转型的核心，是未来发展的主题、主线，企业要重视数据规划、数据治理和数据的深度挖掘利用。"

——浪潮集团执行总裁　王兴山（2016年10月27日）

开章案例

江西文演集团的数字化转型升级之路

数字文化产业以文化创意内容为核心，依托数字技术进行创作、生产、传播和服务，呈现出技术更迭快、生产数字化、传播网络化、消费个性化等特点，有利于培育新供给、促进新消费。然而，真正进行数字化转型的文化企业很快会发现，技术往往是数字化转型过程中最简单的部分。企业数字化转型的本质可以理解为创建企业的数字孪生或"元宇宙"：将数据从基于物理世界的企业传输到数字世界，在数字世界中聚合、恢复和重建，并运用可指数级增长的计算能力进行分析、计算、建模等，最后使数字世界产生的结果在物理世界中发挥价值。中共中央办公厅、国务院办公厅印发了《关于推进实施国家文化数字化战略的意见》。文化企业想在这场没有硝烟的战争中取得佳绩，不仅要拥有完善的产业布局，还要获得或构建领先数字技术的先发优势，更要积累丰富的数字化转型实践经验，这是在市场竞争中立于不败之地的强大底气。

一、公司简介

2017年9月，江西文化演艺发展集团有限公司（以下简称文演集团）以省属五大国有文艺院团为基础组建成立。集团自成立以来，始终坚持把社会效益放在首位，坚持社会效益和经济效益相统一，聚焦文化主业，深耕演艺事业，积极创新深化国有文艺院团改革，构建"党建引领、市场导向、一业为主、产业反哺"发展新模式。文演集团在坚守传统优秀文化的同时，主动拥抱数字化，成立全资一级子公司——江西文演数字文化产业有限公司（以下简称文演数字公司），定位为"全省文化产业数字化转型集成服务商"。文演集团在集团改革创新三年行动实施方案中指出，集团要借助数字文化产业发展带来的新机遇，依托集团文化演艺资源，积极探索传统文化艺术与数字科技融合的高质量发展途径，创新舞台艺术与文化综合体、景区旅游、文化艺术教育、文化场馆集成服务等业态协同发展模式，基于"上云用数赋智"理念，加快线上线下及跨行业融合，拓宽集团共融文化生态圈，培育集团发展新动能，实现社会效益与经济效益的有机统一和协同增长。文演集团确立"内容为王、多元发展、数字赋能"发展方针，构建文化演艺内容生产、文化服务创新发展、文化资本投资运营"三大平台"，探索演艺企业集团化、多元化、专业化、融合化、数字化、资本化的"六化"发展新路径，创建数字化舞台艺术、演出院线、文化服务、文化教育、数字文化、文保古建、资产运营、文化投资"八大业务板块"发展格局，朝着文化主业突出、核心竞争力强、市场占有率高的综合性文化演艺企业方向发展。

二、打造数字内容生产新商业模式

使用数字技术产生的海量生产数据、流通数据和消费数据，必然成为文化企业的重要资产，并以表单、图像、语音、数据库、代码等形式存在。

数字技术与文化产业的融合必然产生创新火花，全新的数字文化生态已然形成（见图1-1）。一是形成新的数字文创业态——数字动漫、数字游戏、数字影视等；二是基于数字技术形成全新的文化业态，如AR、VR等。在文化创意产品方向，文演数字公司依托文化资源，借助微博、微信、APP等传播手段，通过深度挖掘实现传统文化的IP转化，如文化IP的象征、符号和衍生品等。在数字文旅方面，文演数字公司着重打造"江西文旅演艺一卡通"数字权益平台项目，以景区免票为吸睛点，拓展演艺、食宿、文创等文旅泛数字化权益，通过大数据、云计算等技术，实现实体经济智能化升级。在数字旅游演艺方面，公司重点打造沉浸式文旅展演项目，以AR、4D影像等技术为手段，实现沉浸式体验效果。

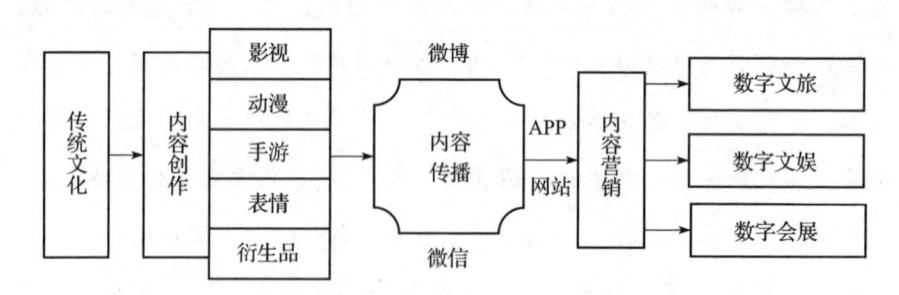

图 1-1 文演集团将传统文化与数字技术相融合

三、数字文化全产业链：文化创意与标准化创新

在文化创意资源的数字化方面，最大的障碍是缺乏统一的技术标准和行业规范，而创意资源的平台化可以实现软件集成、统一关联模型、多领域优化等技术的融合，并能实现与主流3R（VR、AR、MR）、3D全息成像等应用环境的无缝集成。文演数字公司在设计流程、生产资料和工具、数据知识等方面进行深层次管理，以此驱动高效高质的创意资源数字化制造、加工及场景应用，通过B端把数字创意内容以C端的形式输出，以场景深化和内容升级的方式实现创新循环的目的。

文演集团数字文化全产业链如图1-2所示。

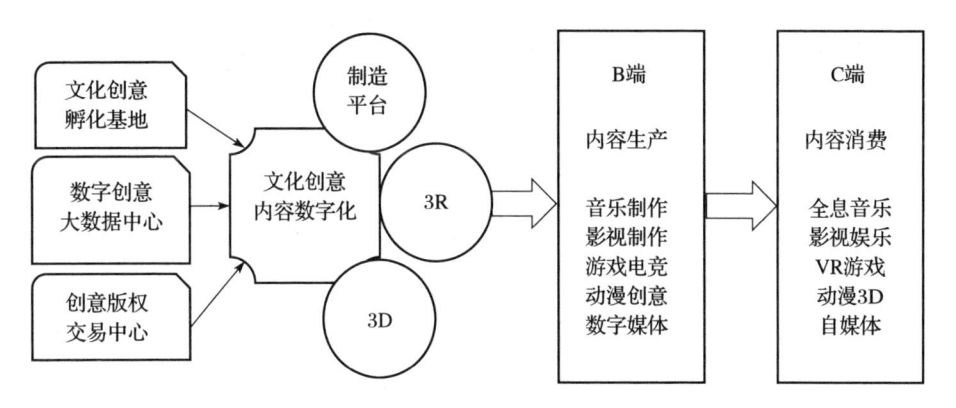

图 1-2　文演集团数字文化全产业链

从细分产业看，文演集团通过互联网平台、3R、3D等的综合运用，催生"文化资源＋数字技术"新业态，形成数字舞台艺术、演出院线、文化服务、文化教育、数字文化、文保古建、资产运营、文化投资等模块。

四、守正创新——升级数据资产投融资管理平台

文化数据资产达到一定规模时，文化企业从自身内容生产需要出发，通过数据资产管理，进行对外数据服务，并融入金融体系的运作中。文化金融是一种以文化资产为核心进行的特殊的金融服务活动，文化数据资产将成为未来最重要的文化资产之一，文化数据资产评估与管理体系也将成为新型文化金融基础设施。文化数据资产与其他资产形态和类型一样，将作为一类重要资产纳入资产清单或资产负债表。数据资产管理一旦形成了行业规范，就有基础性价值，就具备了金融体系中的基础设施属性。各种数据交易中心和交易平台，以及相应的交易规范、评估评价体系等，是特殊的基础设施，对文化金融服务发展来说具有重大意义。

数据资产创新体系规范文件如图1-3所示。

未来，文演集团将致力盘活存量文化资源，利用现代企业管理机制和市场机制，把优秀文化资源转化为优质文化资产，把优质文化资产转化为优质文化品牌，积极打造文化金融平台，做强、做优、做大企业。

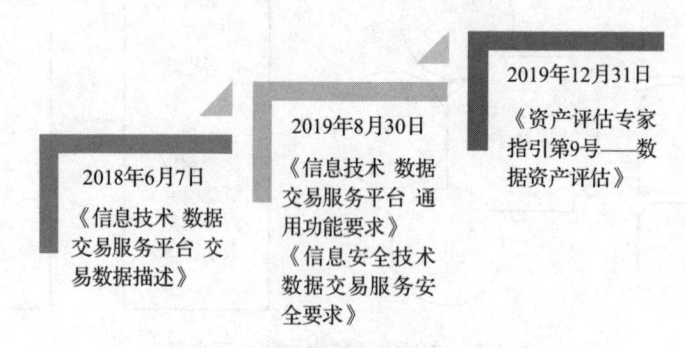

2018年6月7日
《信息技术 数据交易服务平台 交易数据描述》

2019年8月30日
《信息技术 数据交易服务平台 通用功能要求》
《信息安全技术 数据交易服务安全要求》

2019年12月31日
《资产评估专家指引第9号——数据资产评估》

图 1-3　数据资产创新体系规范文件

1. 盘活与整合存量文化资源

通过调研等有效手段，文演集团对文化企业、股权、资产等进行分类，整合具有盈利能力的文化资源，实现政府及行政事业单位优质文化资源的企业化和资产化。梳理当前省属文化资源，重塑业务模式，构建文演集团"一个资产平台"和"两种性质的业务板块"的发展模式，平衡盈利与公益关系，实现二者协同发展。

2. 塑造与提升文化品牌价值

通过国内外资本市场获得增量融资资金，加大对存量优质资产的投入，扩大对新兴文化资产的投资。设立产业基金，孵化优质文化项目，利用股权和产权市场，提升文化项目估值，推动省内优质文化资产上市。同时，提炼品牌的核心理念，形成品牌独一无二的内涵，提升文化品牌的核心竞争力。

3. 推动全省文化 IP 数字化与资产化服务

在江西省数字经济高质量发展的政策背景下，文演集团正在推动与深圳知识产权大数据中心等专业机构的深度合作，设立业务合作平台，共同推动搭建以文化企业、国有企业、政府平台公司及省内上市公司为主要服务对象的知识产权数字化、资产化服务体系，并联合省内部分高校，力求构建以文演数字公司为基础,以科技资产全生命周期数字化、资产化服务为核心的校、政、企联合的公共服务平台,助力自身业务发展。

五、总结与启示

在新冠肺炎疫情防控常态化背景下,变危机为转机,文演集团及旗下数字化核心公司江西文演数字文化产业有限公司努力抓住实施文化产业数字化战略的机遇,加快推动数字化进程,致力打造专业化、场景化、生态化数字业务,在数字文娱、数字文旅、数字会展等方面积极探索,核心方向集中在以下三个方面。

第一,数字文化资产确权与交易。文化数据资产是具有资产权属、经济价值和文化属性的可计量文化数据,既包括在文化创作、生产、传播、消费过程中直接形成的以二进制形式存在的数据资产,也包括原有其他类型的数字化转化的数据资产。

第二,数字文化创新业态的构建。从文化产业的创意、生产、传播、消费等环节看,我国在数字传媒和数字化网络基础设施等方面的发展日趋成熟,数字化、产业化运作能力不断增强;从细分产业看,数字文化创意产业的新型业态主要包括数字文化旅游、游戏电竞、新媒体、动漫及衍生产业、数字营销和智能营销、数字创意设计等。

第三,数字文化产品消费的升级与赋能。随着新生代成为文化消费的主力军,新兴的数字文化创意产业将引领未来文化产业的发展,文化产业数字化转型的成功秘诀不仅在于文化产品创意的数字化生产,更在于文化产品创意营销渠道的数字化转型升级。文化 IP 的商业化运作和新媒体等营销方式,让数字化转型后的传统文化产品"沉浸式"地融入大众生活,在收获人气和流量的同时打造私域架构,实现对传统文化的传承。

(资料来源:笔者根据多方资料整理)

一、数字经济的崛起

数字经济是一种新经济体系,在该体系中数字技术被普遍使用。数字技术的普遍使用促使整个市场经济环境与经营行为出现实质性改变,推动了世界经济的发展。除此之外,数字经济也推动了一种崭新的社会政策与经营体系的产生,而它们内部的信息处理和活动都逐步被数字化。

1. 数字经济新气象

1996年,学者Tapscott(泰普斯科特)首次提出了"数字经济"的概念。在他眼中,数字经济就是生产信息通信技术并用于市场经济交易的一种新型经济形态。在计算机技术的发展过程中,数字经济的内涵逐渐被充实。从狭义角度来说,数字经济也可叫作数字化产业经济,指的是企业依托于信息化手段实现的数字化生产供给市场,如网络通信、大数据分析和云计算技术等。而从广义角度来说,除了数字化产品之外,数字经济还包含了数字化管理、工业数字化生产和服务数字价值化。

得益于数字经济带来的发展机遇,我国在制造、物流、消费等方面持续发展,取得了超越性增长。中国信息通信研究院在《中国数字经济发展白皮书》中提出数字经济的"四化"框架,分别是数字产业化、产业数字化、数字化治理和数据价值化(见图1-4)。

从数字产业化规模而言,中国数字产业化总体稳步增长,2019年数字产业化增加值达到7.1万亿,同比增长11.1%。在发展过程中,中国数字产业化基础更加坚实,中国数字产业结构将不断软化,软件业和网络产业占比将不断提高。

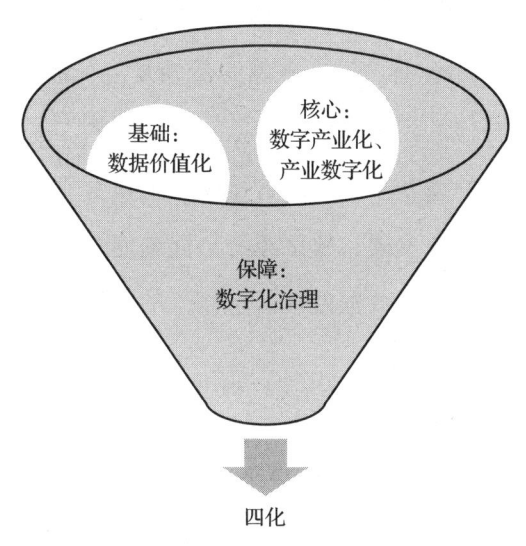

图 1-4　数字经济的"四化"框架

（资料来源：《中国数字经济发展白皮书》）

从产业数字化水平来看，我国目前已经建立了较为完善的大数据信息供应链体系，在大数据信息收集、数据标注、时序数据库管理、大数据分析保存、商业智能使用、大数据挖掘与分析方法、大数据安全、数据交换等环节都不同程度地建立了数据管理的产业系统，信息管理与大数据分析运用能力逐渐增强。

在数据管理方面，政府部门的数据功能获得了进一步提升，数据政府的建立促进了行政管理从低效率向高效率过渡，从被动到主动，从广泛到精细，从程序化回应到高效回应、敏捷响应，新型智能城市已步入一个全新的发展时期，这个过程是以人为本、绩效导向、统筹集约和协调发展的全新发展过程。在数据价值化领域，数据价值化推广加快，数据已成为数字化建设的基本生产要素。

2. 三级台阶：数字经济发展历程

随着互联网、大数据、云计算等的蓬勃发展，数字经济应运而生。随着中国移动端时代的到来，中国的数字经济步入了一个高速发展的时代。中国数字经济的蓬勃发展一部分得益于人口红利，网民规模不断扩大，网络信息产业快速发展，数字经济全面提速。按照数字经济资产的形态特征与交易机理、大数据处理信息技术的阶段性特征，中国数字经济的发展可分为三个阶段。

（1）起步期（1994—2002年）

由于中国网络用户数量的日益增长，中国逐渐出现了一批网络企业。这些企业主要为个人用户提供搜索以及其他相关业务，这个时期被称为互联网的网页化时代。这一时期，互联网企业所提供的业务形式基本上是信息咨询服务，即企业利用文字、图像、数据等信息，通过网站向公众提供信息业务服务。以资产为导向的业务数据的发展趋势在这个阶段并不明显。当时互联网企业的商业模式主要有两类。一类是网络广告模式，在网页上设置广告位置，通过发布广告的方式获取利润。比如："中国黄页"通过英文网站向全球介绍中国的商业信息，并提供咨询服务；新浪、网易等门户网站整合图文信息来获得流量，进而在网页上进行广告宣传活动。另一类是利用搜索引擎的竞价盈利模式，大多使用关键字竞争排序模式。百度的竞价排名系统就是基于用户从竞价关键字中查询到的商业信息进行排序的。当时的数字经济实质上是商业信息的整理流程，并未真正实现对商业数据的资产化。商业数据的真正价值尚未被完全发现，正因如此企业缺乏对商业数据价值的衡量与交易。

（2）高速发展期（2003—2012年）

自2003年起中国数字经济进入高速发展阶段，国内互联网公司快速发展，网络科技不断升级革新。在此阶段，业务数据的价值已被广大互联网企业所肯定，"流量为王"也成为中国互联网公司发展的重要口号。在这一阶段出现了以商业数据整理、分类、发现、运用为基础的大规模互联网公司，商业数据资产化通过数据的应用价值可以得到体现，即按照商业数据的应用范围、预期价值来为商业数据赋予同等的价值。在这一时期，商业数据资产化主要是通过对信息做出商品分类，建立关联性商品数据共享业务，实现获利。阿里巴巴通过分析商品数据建立了电子商务销售、电商营销联盟、移动支付、网络金融服务、个人征信、商旅住宿等平台。同时，通过对客户的商品数据进行挖掘与分类，商业数据渐渐变为阿里巴巴巨大的财富，对数据的整合使用与活化共享进一步拓展了阿里巴巴的商业市场。这一时期，中国企业数据内部资产化过程持续深入，并逐步地向对外贸易化演进。

（3）稳定期（2013年至今）

城市数字经济的发展在该时期步入稳健成长阶段，随着对业务数据的深入研究与运用，企业信息数据库越来越完善，业务信息交易系统也越来越完善。在此期间，业务信息具有互动性和即时发布的特性。企业利用业务信息向用户提供更加精准的信息服务，用户也可以通过业务信息向商家反馈使用感受来更新商业数据，从而提升了业务信息的真实性与精准度。同时，商业数据资产也发生了动态变化，即原商业数据资产发生了实时变动。例如，提供定位服务的百度地图整合推出了精确导航、语音通信、出租车、旅行和周边信息咨询等多项业务，使原有单一孤立的商业数据实现了互联动态化，并不断拓展其使用的场景。

发展中的数字经济已成为促进中国经济成长的新动力。数字经济下形成的新生态、新产业和新模式将持续发挥强大潜能和释放巨大动力。自我国大数据战略提出以来，推动数字经济社会发展与数字化转型的政策措施不断落地与深化，政府为数字经济的进一步发展营造了良好的政策环境。有关数字经济的政策内容整理如表 1-1 所示。

表 1-1 有关数字经济的政策内容

时间	政策内容
2016 年	《中华人民共和国国民经济和社会发展第十三个五年规划纲要》提出"实施国家大数据战略""制定政府数据共享开放目录，依法推进数据资源向社会开放"
	习近平总书记在中共中央政治局就实施网络强国战略进行第三十六次集体学习时强调，要加大投入，加强信息基础设施建设，推动互联网和实体经济深度融合，加快传统产业数字化、智能化，做大做强数字经济，拓展经济发展新空间
2017 年	《政府工作报告》提出，推动"互联网+"深入发展、促进数字经济加快成长，让企业广泛受益、群众普遍受惠
	党的十九大报告提出加强应用基础研究，拓展实施国家重大科技项目，突出关键共性技术、前沿引领技术、现代化工程技术、颠覆性技术创新，为建设科技强国、质量强国、航天强国、网络强国、交通强国、数字中国、智慧社会提供有力支撑
2019 年	《政府工作报告》提出"打造工业互联网平台，拓展'智能+'为制造业转型升级赋能""深化大数据、人工智能等研发应用，培育新一代信息技术、高端装备、生物医药、新能源汽车、新材料等新兴产业集群，壮大数字经济"
2020 年	《政府工作报告》提出，电商网购、在线服务等新业态在抗疫中发挥了重要作用，要继续出台支持政策，全面推进"互联网+"，打造数字经济新优势
	《关于支持新业态新模式健康发展 激活消费市场带动扩大就业的意见》提出，支持新业态新模式健康发展，激活消费市场带动扩大就业，打造数字经济新优势

3. 登高云梯：数字经济发展趋势

随着我国数字经济规模不断扩大，以电子商务为代表的新业态彰显了我国数字经济发展的最新成果，也表明我国经济具有巨大发展潜能。未来，数字经济的发展必然呈现出数据信息化、数据精细化、数据生态化、数据全球化等趋势，如图 1-5 所示。

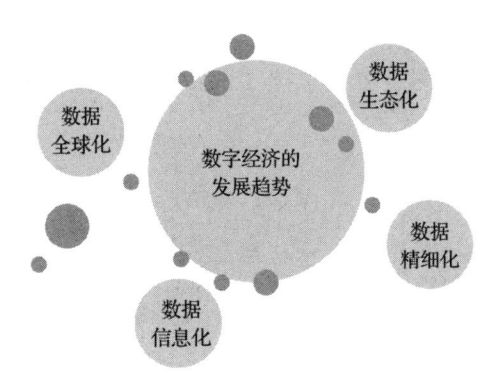

图 1-5 数字经济的发展趋势

（1）数据信息化

在当前的数字经济时代，数据和信息资源的传播打破了工业时代数据和信息资源传播的局限性，特别是在 5G、人工智能、云计算等新一代数字技术的帮助下，数据资源实现了高速流动和共享。

（2）数据精细化

随着数字经济的快速发展，企业更加注重进行个性化、定制化的生产和提供个性化、定制化的服务，体现了"以人为本"的理念。企业通过大数据对用户实际需求展开全面、精准的捕捉和定位，掌握了用户的潜在需求，从而提供更精准的服务，提升服务质量。

（3）数据生态化

企业创新运用数字平台完成对社会各种资源的有效集成，同时利用数字化信息技术促进社会共享经济的繁荣，建立企业特色生态圈，激活自身的创新潜力。

（4）数据全球化

越来越多的国家重视数字经济的发展，制定了一系列相应的数字经济发展规划来推动各行各业的数字化转型。一些数字化转型较好的企业已经开始拓展海外市场，期待通过海外并购实现企业全球化。未来，智能制造与工业互联网、智能汽车与智慧交通、人工智能打造的智慧城市将在行业宽度、领域深度方面加速实践数字化转型，数字经济将秉持内涵深入化、结合务实化、合作广泛化的理念不断发展。

第一，组织机构合作广泛深入。在国际竞争日益加剧的市场经济条件下，国内外的经济机构均具有动态性，数字经济的确定性与重要性日益凸显。不少海外机构和国内公司逐步与科研院所、技术院校联合，推动企业数字化进程。

第二，强化数字经济法治建设。欧美国家对数字经济的主权概念已从理论与实践层面提到了立法层面。美国和欧盟先后颁布了针对在域外正常使用数据和普通数据的有关保护规定，如表1-2所示。

表1-2 数据主权法律制度

制定者	法案
美国	《澄清域外合法使用数据法》
美国	《2018加州消费者隐私法案》
欧盟	《一般数据保护法案》

第三，行业技术竞争日益白热化。自2018年起，欧洲国家将人工智能市场视为未来世界数字经济领域争夺的核心领域，并把中国与美国视为核心对标对象。目前，数字技术研发重心已经由互联网数字平台转移到AI智能，由此引发管理技术不断进化，数字化的竞争在前沿科技领域中愈发激烈。

随着社会生产力的不断提高，新的科技革命浪潮催生新产业，全球治理体系与国际形势不断变化，世界处于百年未有之大变局。世界经济未来发展的重心越来越多地集中在了数字经济方面。许多发达国家制定了前瞻性策略，做好数字科技发展和信息产业的优先规划，推动数字技术企业加强数据流通监管，抓住数字经济发展机遇。美国以人工智能、量子计算、5G等关键技术为重点，推进《美国数字经济议程》的实施。欧盟发布了一系列政策文件来巩固和发展自身在数字经济领域的领先优势。日本提出了"产业互联化""社会5.0""数字新政"等战略，力争在半导体材料及关键部件生产研发领域居于全球领先地位。数字经济作为科技产业主导力量的新高地和国际治理的新领域，推动着全球竞争格局的重塑。

数字经济专栏1

益录云：数字治理赋能教育考试智慧化

江西益录云科技有限公司是专业信息化技术公司，是国内教育考试信息化软件产品和综合服务提供商，自进入教育考试信息化建设领域以来，致力为教育考试行业打造技术解决方案和提供数字创新服务。公司向国内众多教育考试行业用户提供全方位软件产品、云计算与数据中心解决方案、行业咨询及数字治理服务；积累了丰富的教育招考行业数字化转型经验，培养出一批行业业务专家和数字技术专家，以期在最短的时间内为所有客户提供最高效的技术服务。

一、数字场景：南昌市"学位信息一键查"案例

2021年，在南昌市教育局和南昌市教育考试院的领导组织下，江西益录云科技有限公司承担了南昌市"学位信息一键查"数字治理场景的建设和服务工作。时任市政府副秘书长黄琰任专班班长，市教育局、市大数据局、市自然资源局、市房管局、市公安局、市民政局、市人社局、市卫健委、市市场监督管理局、市税务局等10个部门为场景工作专班的成员单位。按照"谁发证、谁提供、谁负责"原则，各部门认领数据工

作任务、对标一流、相互借鉴、上下联动、左右互动，形成合力，顺利完成了各数据接口与场景平台的对接入库，打通了数据孤岛，积极推动了数据归集、分享与协同，形成共建共享、共管共治的工作格局，以数据集聚共享新优势支撑招生方式数字化改革。

南昌市数字治理场景于 2021 年 6 月 1 日平稳上线，无特殊情况时，"小升初"学生家长（监护人）通过登录"南昌城市大脑"进入"学位信息一键查"场景，场景自动提取学籍、户籍、合法常住固定住所等入学要素信息，家长（监护人）可快速获取子女学位模拟分配信息，仅须携带安装了"南昌城市大脑"应用程序的手机到校报到即可，无须携带纸质入学证明材料进行入学资格核验。这开启了义务教育招生历史上招生方式的数据化形态，为实现教育招生治理能力现代化提供了新思路、新方法和新路径。

二、数智治理：便民、高效、规范、多元

因为义务教育就近入学必用的学籍、户籍、合法常住固定住所、监护人等信息，横跨多个职能部门，加之入学群体差异性、家庭情况特殊性、学校网点分布与办学水平不均衡性，所以入学资料多、工作流程长。传统流程中存在某个区域、某校学位容量与生源数量失配，某些不良机构唆使家长以虚假材料骗取学位资格等情况，所以充分利用数字化治理手段公平、公正、公开地处理义务教育就近入学等事项势在必行。南昌市"学位信息一键查"数字治理成效显著（见图 1-6）。

1. 跨越时空，掌上办、一键查，招生便民最大化

与过往家长需要现场递交纸质证件材料，甚至从外地回南昌办理相比，网上办理突破了时空局限，在外地的家长可 24 小时登录场景办理，正常情况下平均用时 92 秒即可获取学位分配结果。

2. 简化流程，全方位、一链式，招生入学高效化

一个月的时间完成了以前四到五个月的工作量，大大提升了工作效能，大幅降低成本，切实为学校、卫生防疫部门等减负减压。

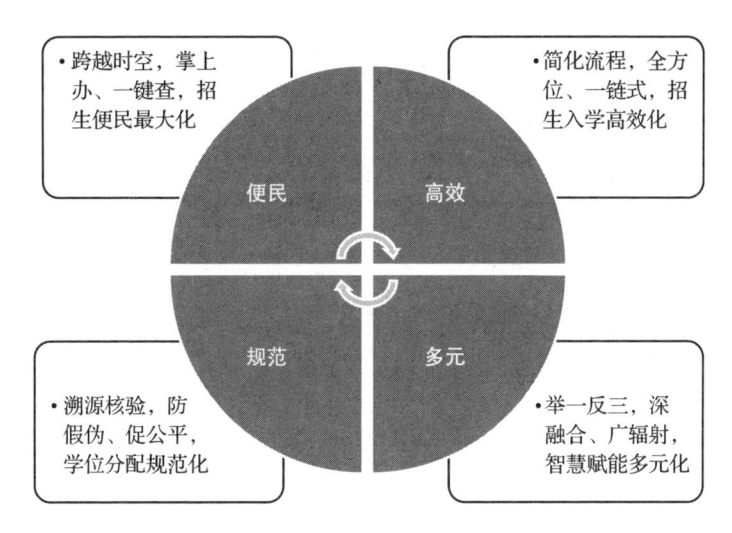

图 1-6　南昌市"学位信息一键查"数字治理成效

3. 溯源核验，防假伪、促公平，学位分配规范化

场景汇集了多部门跨业务数据，打破数据壁垒，突破信息孤岛限制，学生入学要素信息直接提取（比对）于相关职能部门业务数据，从根本上杜绝了以假充真、借用冒用等现象。场景的运行，实现无差别受理、同标准办理、全过程监控，最大化地减少了人为干预。

4. 举一反三，深融合、广辐射，智慧赋能多元化

学位信息大数据具有数据量大、数据类型多等特点，各部门业务数据的关联、交互等，一方面促进了部门间信息交流和数据共享，另一方面显示出了部门数据的不足，从而推进了部门数据标准化。同时，分析、运用学位信息大数据，挖掘数据的潜在价值，让沉寂的招生数据"说话"，赋能学位预警、学区划片、中小学校网点规划等，以教育信息化加

速教育现代化，促进教育高质量发展。

三、总结与启示

"学位信息一键查"数字治理场景将入学材料由纸质材料变为数据信息，变现场递交为线上提取，变冗长审核为即刻核验，变复杂招生为简约录取，将家长"只跑一次"升级为"一次不跑"，实现了招生方式便民最大化，有效缓解了入学焦虑，助力解决学生入学过程难点、痛点，提升了人民群众幸福感和满意度。在第一届中国新型智慧城市创新应用大赛当中，南昌市"学位信息一键查"数字治理场景获得大赛一等奖。2021年2月，南昌市以智慧考试、智慧作业为主要亮点获评全国"智慧教育示范区"。智慧招考成为南昌市创建全国"智慧教育示范区"的重要载体和特色亮点。

南昌"学位信息一键查"场景的巨大成功，为南昌市义务教育阶段招生录取实现数字化提供了宝贵经验。为了进一步上下延伸、提质扩面，南昌市教育考试院计划将"学位信息一键查"数字治理场景从覆盖南昌市城区"小升初"扩充至全市"幼升小""小升初"，同时，引入的"学位地图"数字管理系统将为南昌市学区规划、学校基础建设布局提供有力的数字化能力保障，成为建设具有南昌特色的"智慧入学"教育数字新基建。

（资料来源：笔者根据多方资料整理）

二、大数据：数字经济的"助推器"

大数据资源作为重要生产要素，有力推动了我国经济的发展。

1. 数据：新生产要素

随着信息技术的发展，数字经济成为经济新形态，企业特别是传统企业需要顺应消费者的新观念以及与时俱进的商业模式，数据在这个过程中担任着重要角色。数据作为生产要素有以下几个特征（见图1-7）。

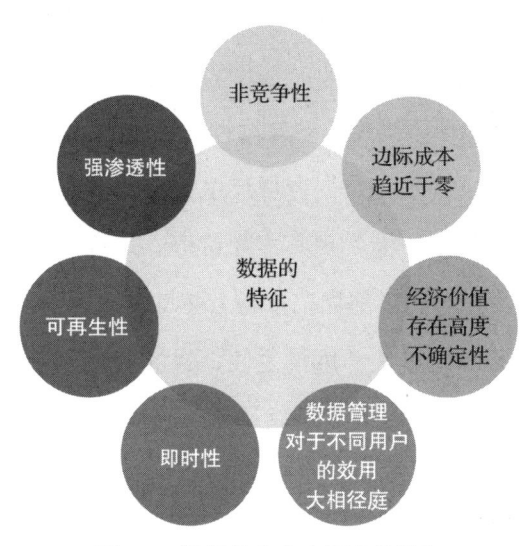

图1-7 数据作为生产要素的特征

（1）数据的非竞争性

数据容易复制和传播，成本低，数据的排他性很难保证。

（2）数据的边际成本趋近于零

数据的传输成本接近于零，数据的复制成本可忽略不计。由于软硬件的持续迭代、芯片计算能力和计算机存储能力的日益提高，数据创建成本持续降低，二次创造原始数据的成本也在持续下降。综上，与数据创建有关的全部生产成本几乎为零，这也正是原始数据的著作权保护制度未能完善的主要原因。到目前为止，通过云服务的盗版行为屡禁不止。

（3）数据的经济价值存在高度不确定性

严格地说，数据交易存在着事前风险，即数据的买方在成交之前并不能了解数据的全部细节，无法估计数据价值，但是如果买方完全掌握了数据信息，则数据的价值就会降低，这个现象被称为数据悖论。另外，数据具有网络外部性，这表明使用数据资源的用户越多，数据效用越大。但是不少资料表明，信息规模并非总是反映出规模报酬递增的特征，如数据源对模型的效用到达高峰以后会出现降低。

（4）数据管理对于不同用户的效用大相径庭

唯有对数据加以管理，数据方可产生价值。只有相关的行业公司掌握相关数据，商业数据才能实现其实际价值。这意味着数据是有针对性的，无法像股票等金融资产那样在市场上交易。

此外，数据还有即时性、可再生性、强渗透性等特点。正是由于这些特征，数据这种新的生产要素得以从另外的角度推动经济增长。

2. 政务数据的价值

随着数字经济时代的到来，世界各国政府拥有丰富的政务数据。"目前可利用、可开发、有价值的数据80%左右都在政府手上，这些沉睡的数据一旦被激活，或将释放出亿万产值。"九次方大数据创始人王叁寿2017年7月如此表示。

政务数据无论是从数量上说还是从质量上说，其价值均显著高于其他任何一个行业的数据。淘宝、京东和拼多多等电子商务业务数据的种类相对简单，而政务数据可分为医药数据、教育数据、工业数据、农业数据和天气数据等。比较而言，政务数据的范围更广、类型更多，且与国计民生密切相关。同时，政务数据的关联性更强、标准更为统一，更便于深度开发利用。在保障数据安全的前提下，深度开发政务数据，实现政务数据资产化,充分实现政务数据的社会效益和经济效益,可推动"数字中国""智慧城市"战略的实施,加快我国经济社会向数字化迈进的进程。

如何深度挖掘政务数据的价值?首先,实现政务数据安全化;其次,将安全化的政务数据规范标准化;再次,评估安全化和标准化的政务数据;最后,将具有经济价值的政务数据放到市场上交易或者开发成数据产品。建设有效的政务数据资产化机制,实现对政务数据的有效利用,是形成深度应用政务数据、经济协调发展格局的有效途径。

从本质上看,政务数据是一种有价值的资源,政务数据资产化是其价值实现的主要方式,而政务数据资产化的两大核心过程是技术处理过程和市场化过程。实践中,政务数据资源作为一种资产正逐渐被人们所认识和接受,大数据的开放与运用是推动经济发展的新引擎。为实现政务数据资产化的最大效益,欧美等国家政府部门在政策立法等方面开展了扎实有效的工作。对市场开放政务数据,既能推进政务数据资产化的进程,也能带来更多的社会效益和经济效益。

3. 商务数据的价值

电商价值创新的源泉可以分为四大层面:创新、锁定、互补和效率。创新是指电商服务与商品都需要创新,锁定是指通过满足顾客的要求来锁住顾客,互补是指电子商务中的大规模经济活动是通过利用买卖双方所需的大数据产生的,效率是指在电子商务中数据传送质量与速度的提高。

在传感器设备、移动终端、社会化互联网以及电商平台等的共同影响下,消费者数量正急剧增加。要精确、全面地掌握消费者的实际需要,就有必要集成消费者,以便全面显示信息。企业通过复杂的大数据分析系统和云计算系统，可以更加准确、迅速地分析消费者活动轨迹和喜好，同时，通过移动终端向消费者推荐有针对性的服务项目和商品，便捷地收集用户数据以便提供相应的客户服务。另外，移动终端的个性化特征，为企业搭建一对一的定制业务服务平台提供了机会。移动智慧终端、云计算技术以及大数据分析影响了电商产品与业务的智能分类、数据收集与精准推送，为电商提供了实时、精准的销售模式。

大数据时代，企业与消费者之间的信息不对称程度大大降低。通过各种信息获取渠道，企业可以更好地掌握消费者的整体信息，进而为消费者提供更有针对性的产品和服务。同时，消费者可以通过不同渠道获得企业产品信息。

企业与用户需要在更加透明化的数据模型下进行相应的交流，生产业务的核心应该是满足用户的个性化需求。生产厂商要以用户需求为基础，提升商品与服务的独特性与差异化。

大数据时代，公司的核心能力是解决消费者需求问题的能力。在新技术的驱动下，大数据时代的电子商务公司必须能迅速集成来自不同渠道的数据，使同一价值链中的公司形成一个完整、互联的整体。不同区域的公司可以建立联盟，把服务、配送、库存、营销、制造、开发等过程整合起来，让产品与服务产生差异化与独特性并将其推向消费者。大数据趋势下，电商企业要主动开展分工合作、资源共享，发挥大数据的价值。

在大数据分析的背景下，金融服务、运输、制造和消费等领域将不断产生新型增值业务模式。新的信息增值业务模式是在各个领域的大数据融合过程中形成的，它通过对商业数据和买卖双方的贸易和运输数据的集成来掌握公司与消费者双方的信用。

> 数字经济专栏 2

天阳科技：开启云上新时代

天阳宏业科技股份有限公司（以下简称天阳网络科技），是金融服务业创新的重要推动者，促进中国国内金融服务产业实现数字化转型，为客户提供融资技术咨询、金融服务技术产品、互联网金融信息技术服务、云计算技术产品和企业营销咨询等。公司创建于 2003 年，有员工 8000 余人。作为银行领域用户可信赖的服务伙伴，天阳网络科技拥有多年的业务实践经验和端到端的专业技术能力，在数字化金融、信创、交易银行、信用卡、零售、营销、风险管理、征信管理等方面都具备了核心竞争力。

一、天阳云——提供银行数字化转型全栈式解决方案

金融服务云的主要目标是解决商业银行中的数字转换。金融服务云的主要方向是在内部实现业务的数字转换，数据分析云的主要方向则是构建一家为外界提供数据资产的数字转换商业银行。尽管它们都相对独立，分别有各自的定位，但实际上它们都是为商业银行数字化转型服务。首先，金融服务云提供流量和现场服务，同时向数据分析云供给内部数据，然后数据分析云反过来向金融服务云的政府和私人客户提供服务。数据分析云整合来自金融服务云的内部数据和来自外界的数据，以此完成银行业务的数字化转型。

天阳网络科技提出了生态合作伙伴计划，内容如图 1-8 所示。

天阳网络科技将充分利用公司的资源优势，建立强大的企业云平台。在产品方面，其充分利用近二十年的技术和数据平台的研究与积淀，把一些通过了国家严格检测的技术转换为云产品，并推荐给用户。PaaS 层

也将与 capital online 共享，以服务 capital online 的客户。作为天阳云的主要价值，SaaS 层根据不同的定位和功能分为金融云、工业云和数据云服务。

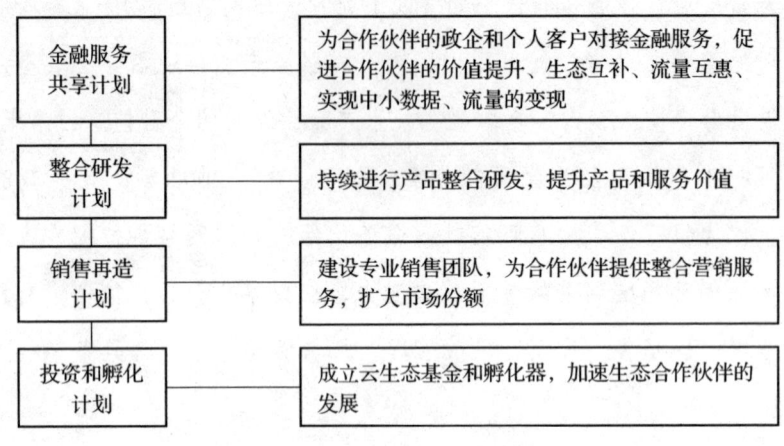

金融服务共享计划	为合作伙伴的政企和个人客户对接金融服务，促进合作伙伴的价值提升、生态互补、流量互惠、实现中小数据、流量的变现
整合研发计划	持续进行产品整合研发，提升产品和服务价值
销售再造计划	建设专业销售团队，为合作伙伴提供整合营销服务，扩大市场份额
投资和孵化计划	成立云生态基金和孵化器，加速生态合作伙伴的发展

图 1-8　生态合作伙伴计划

二、供应链金融系统项目

处于金融服务需求高涨的新时代，天阳网络科技结合多年的积累，建立了一个成熟和智能的供应链金融体系，该体系可提高银行服务实体经济的能力，帮助银行适应产业转型升级，并在新的经济形势下更好地获取客户、服务客户、降低运营成本和风险，介入和满足在线和自动化的需求，服务企业更迅速，并带来更多的利润。

天阳网络科技打造的供应链金融平台见图 1-9。

近年来，供应链金融作为促进产融结合的重要手段，受到高度重视，一系列与供应链金融相关的激励政策得以出台。2019 年 7 月，银保监会发布《中国银保监会办公厅关于推动供应链金融服务实体经济的指导意见》，要求银行保险机构应依托供应链核心企业基于核心企业与上下游链条企业之间的真实交易，整合物流、信息流、资金流等各类信息，为供应链、为上下游链条企业提供融资、结算、现金管理等一揽子综合金融服务。2020年9月，中国人民银行等八个部门联合发布《关于规范发展供应链金融 支持供应链产业链稳定循环和优化升级的意见》，加强供应链金融配套基础设施建设，完善供应链金融政策支持体系，防范供应链金融风险。

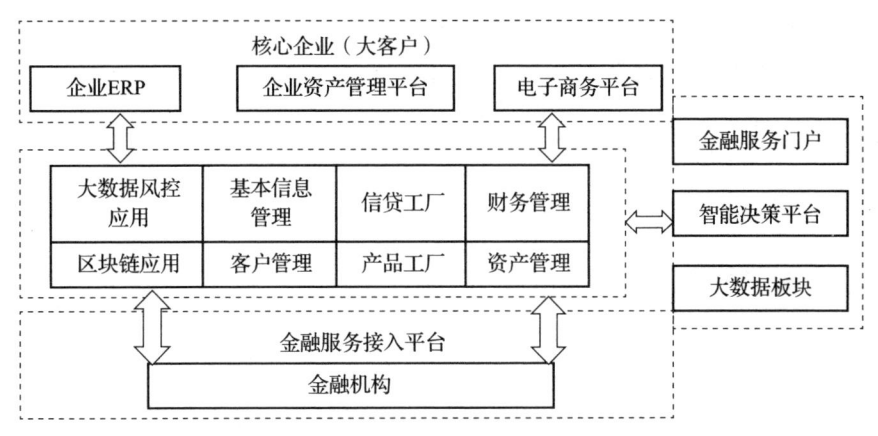

图 1-9　天阳网络科技打造的供应链金融平台

三、总结与启示

金融业要实现高质量的数字化转型，就必须以金融技术为抓手，重塑数字时代的底层逻辑，将数字创新与业务充分融合，推进金融服务业经营模式和管理模式的改革优化，提升金融业核心竞争力。同时，进行跨行业渗透和互动，充分发挥各自的技术、渠道、产品和服务等优势，构建开放共赢的新金融生态系统。金融业正走在数字化转型的道路上。前路漫漫，银行内外数字化转型仍需要科技创新的强大合力，携手更多的生态伙伴，链接更多优势产业和金融、政务等场景，天阳网络科技将一如既往地通过云上协同新生态走出一条新路径。

（资料来源：笔者根据多方资料整理）

三、价值共创：数字化转型的"引擎"

"互联网数字化"已经成为当今社会热点议题之一。从国家发展层面来说，国家重视互联网和数字化的发展；在社会发展层面，智能城市建设、智能医院、智能教学等不断发展，数字科技的应用促进了经济社会的变革；在公司发展层面上，更多的公司意识到数字科技是公司转型的巨大动能。

1. 影响因素

基础设施是国家经济社会发展的重要支撑。高质快速的基础设施发展将对国民经济的快速增长产生积极的促进作用。随着数字信息技术的进一步发展，基础设施发展出现了巨大变化，对基础设施建设技术水平的考察也已开始逐步走向科技、智能、兼容等。更加智能、科学化的基础设施建设能够显著提升行业内部要素的集成程度，更加有力地激发中小企业的创造活力，进一步提升行业效益。同时，数字基础设施能够更加有效地释放劳动力，进而更为合理、充分地配置社会资源，管理产业流程，促进分工，提升专业化程度，推动产业结构的整体优化，从而推动整条产业链和谐有序地发展。

数字工业化是产业结构提升的关键因素，对产业结构的影响是重要而广泛的。数字工业化，尤其是新一代人工智能、大数据分析、区块链、云计算技术、网络安全等的蓬勃发展，为中国产业结构变革提供了科技基础。数字工业化能够在制造、医药、健康、教育等领域进行科技共享、数据共享和信息资源共享。

行业数字化是中国产业结构提升的重要起点，是当前产业结构优化的主要方向。在市场要求下，中国产业链上的每一行业和环节都在不断地引入大数据信息技术。产业结构优化的价值维度主要表现在产品质量的提升、产品跨境整合的推进、行业竞争模式的再造以及行业的赋权等。信息科技正不断地以前所未有的速度和规模更新，企业实体运营的数字化管理能够促进生产要素的流动，减少经营成本，提高生产效率，从而改善对资源与技术的规划和利用效果，促进产业结构的更新。

2. 实现路径

要创建完善的数字环境，融合各领域、行业和机构，实现资源共享，有必要形成统一的信息技术与应用规范，并切实维护数字信息安全和实施知识产权保护，就资源流动特别是跨境信息传播形成完善的标准体系，维护公共安全。大数据资源规模庞大且错综复杂，对涉及国际利益、商业秘密以及个人隐私等的数据信息必须分类分级保护，做到数据信息安全在整个生命周期中都能得到保障，营造健康的大数据应用发展环境。

通过整理有关数字经济对产业结构转型意义的文献，不难看出现如今研究人员已从各种视角和层面，运用不同研究手段与工具证明了数字经济对产业结构调整的促进作用。随着中国数字经济的迅速发展以及智慧云计算技术应用的日益拓展与深入，数字经济与传统产业必将深度融合，促进产业结构的升级转变。

数字经济将是社会经济发展的必然走向，每一个重大的经济变革对企业来说都是机会与挑战。适应新的经济环境为所有传统产业带来创新的动力，开发创造新价值产品来顺应新经济环境的变革，开拓各个产业的组织边界以及利用新科技进行大胆创造，都是产业发展的必然选择。不同产业内的公司都在数字经济的发展大潮中翻滚。构建公正、公平的竞争环境，提供有效、合理的技术支持是实现公司发展壮大和产业结构变革的必然需要。同时，我们要看到企业盲目变革的危险性，必须全面剖析中国传统产业的发展状况和存在的问题，并根据产业发展趋势，评估产业转型的形势。在数字时代，我们必须将国家力量、产业力量、社区力量、企业力量、基础设施力量、建设力量、互联网技术力量有机结合形成发展新动力，实现产业转型升级，为数字经济大发展贡献力量。

企业数字化转型路径如图 1-10 所示。

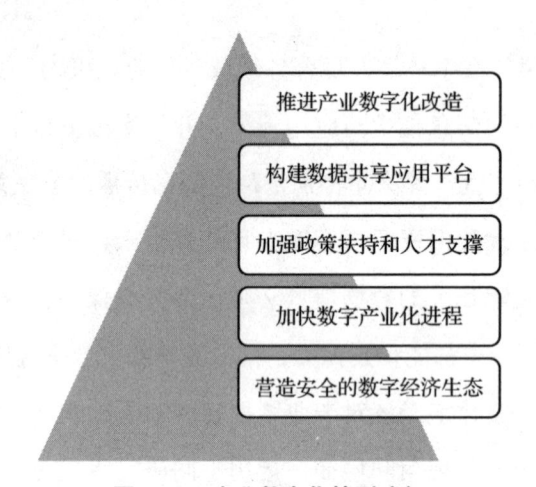

图 1-10 企业数字化转型路径

（1）推进产业数字化改造

产业数字化转型是企业利用互联网信息技术对传统产业实现多维转化，使数字经营在各行业经济发展中产生积极影响。促进产业数字化转型既是经济发展的必然需要，也是我国实现创新带动经济发展战略的重大措施。由于数字信息技术的迅速普及与广泛应用，中国数字贸易快速增长。目前，我国除以大周期生产为主导的增长模式外，还积极开展数字经营，探索发展新兴的贸易方式，创造多元化消费，从而刺激消费，推动产业结构转型。我国将大力推进数据化授权产业链的全程协调转型，深入推进从研究到制造、运营、市场投入的全过程数字化转型模式，创建多元化的行业格局，推动多元化消费的产生，通过实体经济和虚拟经济的结合推动多元化投资的增长，从而实现产业结构的整体转型。

（2）构建数据共享应用平台

随着人工智能、互联网、云计算等技术的深入运用，各产业融合成一个整体。数据共享应用平台的形成进一步降低了信息交易成本，实现全产业融合发展，这也更加契合了产业转型升级的发展逻辑与方向。所以企业将进一步健全数据共享应用平台，积极推动产业融合与共享，实现合理资源配置，推动充分的市场公平竞争，健全产业链推动产业结构提升的进程。除此之外，国家要进一步建立健全共享经营制度和平台经济管理法规，清除数据共享应用平台的发展障碍，以便为数据共享应用平台的发展带来有利的环境。实现信息资源共享需要建立数字化基础设施和人机交互，而宽带互联网转型与云计算中心的建设是形成国家综合数据信息枢纽的关键，为数字国家、智慧产业的软硬件协同建设提供了重要保障。

（3）加强政策扶持和人才支撑

各级人民政府要全面根据当地经济与社会发展情况，制定符合当地发展实际的政策法规和发展规划，积极提升城市基础设施水平与企业信息化管理水平，加强数据信息在工业生产中的应用，为物联网等信息技术的发展提供便捷宽松、友好的环境。同时做好人力资源引导，继续提升企业数据经营管理水平，并以此为工业转型升级提出具体实践路径，逐步形成与数字经济社会发展相适应的法规制度。

（4）加快数字产业化进程

中国新一代人工智能研发和信息应用技术迅速发展，云计算、区块链等技术的蓬勃发展，为企业数字化转型提供了支持。在基础网络设施、通信网络和重要电子软硬件建设技术水平稳步提高的同时，全球范围内构建的5G应用场景和行业生态，积极推进了企业在电力、医药、金融服务、交通运输、物流等重要领域进行智能应用试验，逐步实现了5G技术的多领域、跨区域覆盖、应用。由于大数据分析和云计算技术的普及，越来越多的公司开始提供搜索引擎、社交网站和电商等信息。各级政府开始积极推进并指导公司企业进入云端，以促进共享经济、平台经济的发展。

（5）营造安全的数字经济生态

数字经济对于推动产业结构转变有着重要的积极意义，对国民经济以及世界经济的变革与发展产生了巨大的影响。但当前中国数字经济仍处在发展初级阶段，尚缺乏成熟完备的经济管理体系，无法推动产业结构转变，抑制电子信息产业的发展。高速发展中的数字经济蕴含着太多的不确定性，因此技术手段的合法性、服务平台的合规性，以及整个交易过程的合规性必须经过严密审核。数字经济高度依赖信息资源共享，而信息共享在带来价值的同时不可避免地产生了不同程度的风险，因此强化服务过程监管和有效实施监督管理势在必行。因此，须继续建立健全国家法律法规，完善行业制度和标准，尤其要对重大行业的数据资源和关键网络实施高层次维护，提升重点设施和资源的安全保护水平。

3. 价值共创的逻辑

在数据算法定义的世界里，数据可以通过自身的自动化和流动性来优化资源的配置效率，从而解决复杂系统中的不确定性问题。数据算法所提供的服务能够预知将会发生什么，进而通过预测做出最终决定。例如，盒马鲜生自动进货的大数据系统协助采购人准确、实时地进货和出货，通过运用对生鲜商品的强大数据挖掘能力，在每天下午的特定时间，系统会自动触发和产生对某一商品的推荐和折扣计划，有助于营销人员实时做出正确的决策。

有三种模式可把数据与算法和模型组合起来提供价值（见图1-11）。

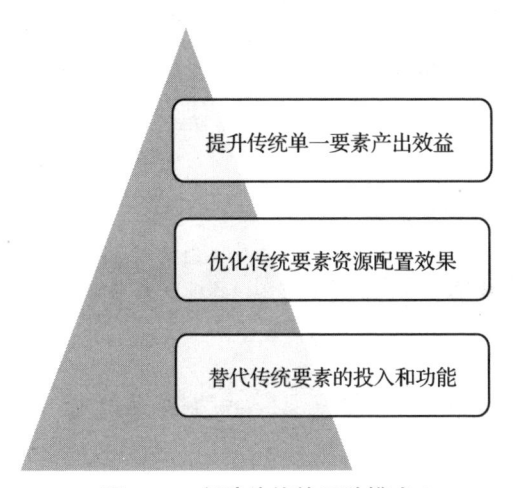

图1-11 创造价值的三种模式

（1）提升传统单一要素产出效益

数据要素可以提升单个要素的产出效益，当数据要素被整合到劳动、资本、技术等生产单元要素，单个要素的价值就会加倍。

（2）优化传统要素资源配置效果

数据要素不但增加了劳动、资本、技术等单一基本要素的效能，也增加了劳动、资本、技术等传统基本要素的资源效能，数据要素的真正价值在于提高资源配置的效率。

（3）替代传统要素的投入和功能

移动支付系统将替代传统的ATM机和商务场景，相比之下电子商务减少了传统商务基础设施的大量投入，政务"最多跑一次"减少了对人员和资源的大量耗费。数据要素可以用更少的投入带来更高的价值。

数字经济专栏 3

广电运通：数字经济助力产业升级

广州广电运通信息科技有限公司（以下简称广电运通）成立于 2013 年 11 月 18 日，经营范围包括软件开发、信息技术咨询服务、数据处理与存储服务、集成电路设计、信息系统集成服务、计算机软硬件及外围设备制造等。

一、开展数字经济业务

公司建设智慧城，将提升企业的核心竞争力和整体盈利水平，实现企业的可持续稳健成长。

广电运通还提出了运通数链。运通数链具有六大技术特性，如图 1-12 所示。

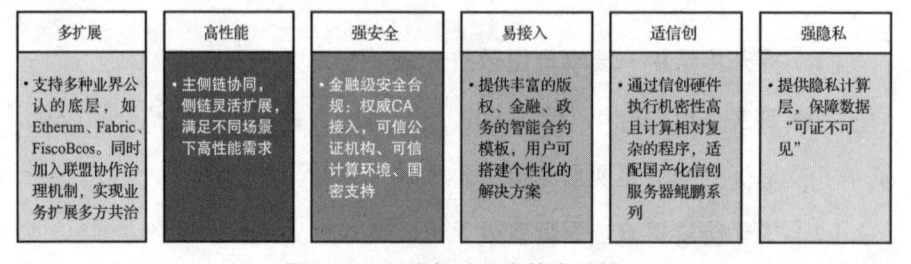

多扩展	高性能	强安全	易接入	适信创	强隐私
・支持多种业界公认的底层，如 Etherum、Fabric、FiscoBcos。同时加入联盟协作治理机制，实现业务扩展多方共治	・主侧链协同，侧链灵活扩展，满足不同场景下高性能需求	・金融级安全合规；权威CA接入、可信公证机构、可信计算环境、国密支持	・提供丰富的版权、金融、政务的智能合约模板，用户可搭建个性化的解决方案	・通过信创硬件执行机密性高且计算相对复杂的程序，适配国产化信创服务器鲲鹏系列	・提供隐私计算层，保障数据"可证不可见"

图 1-12　运通数链六大技术特性

2022 年 1 月，广电运通宣布组建广电数字经济投资运营有限公司。广电运通在公告中称，本次成立的广电数投将成为公司的主要投资运营平台，开展数字经济业务的投资、建设及后续运营工作。

二、推进数字经济"朋友圈"的不断扩容

广电运通在数字经济应用领域进行了很多布局，在向数字化转型的

过程中，不断创新增容，延伸数字企业价值链。数字企业价值链主要包括硬件设施、平台应用软件和基础产品，以及企业所应用的解决方案等。

为了进一步增强公司核心竞争力，提高经营业绩，持续稳定分红，保障投资者利益，公司采取如下措施：一是在发展战略规划层面，公司将把握数字时代发展机会，积极推动金融技术和城市智慧化融合创新，加强"以客户为中心"的工作理念，提升管理效率，高质量推动"124"战略落地；二是在业务布局方面，公司卡位数字经济，布局数字人民币、数字政务、数字化转型咨询服务、数字经济投资运营、算力基础设施及数据要素交易等方面业务；三是在经营管理方面，自上而下强化降本增效工作，提升公司管理效率（见图1-13）。

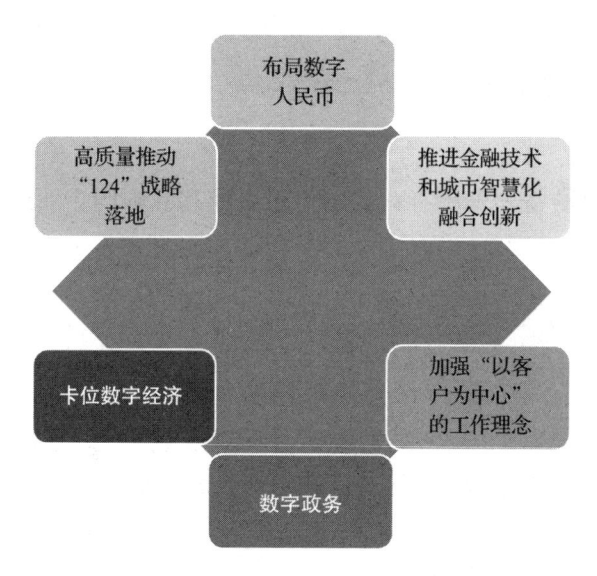

图1-13 广电运通增强公司核心竞争力的措施

三、总结与启示

当今世界处于百年未有之大变局，随着以计算机技术为代表的高新科技的蓬勃发展，世界各国在信息技术水平方面的竞争愈演愈烈。因为信息化技术对国民经济发展和人类社会进步产生的深远影响，其已受到了全球各国的高度重视。当前，以互联网、虚拟现实、物联网、区块链、5G等新型信息为表征的通用信息技术和实体经济社会发展深入交融，促进了全球数字经济社会的高速发展，使传统生产方式和产业结构产生了巨大转变，也促进了新产业的发展。数字经济已成为重构世界要素资源、重塑全球国民经济内部结构、改善世界国际市场竞争格局的重要动力。广电运通紧随时代开展数字业务，努力抓住数字化浪潮中的机遇，积极抢占数字化市场份额。

（资料来源：笔者根据多方资料整理）

四、"数字+实体"打造数字中国

数字经济的蓬勃发展将对我国传统企业和互联网企业产生巨大的影响，并成为科技发展的主渠道之一。数字经济成为继"互联网+"和AI后的新兴热门词语，是我国新兴经济力量。数字中国的建立要坚持安全与发展并举，积极推进现代互联网社会、信息化、新型人工智能和实体经济的深入结合，推动工业互联网技术数字化，繁荣实体经济，构建以国内大循环为主体、国内国际双循环相互促进的新发展格局。

1. 数字经济的"三板斧"

数字经济的成长速度之快、辐射区域之广、影响范围之深前所未有，正在促使社会生产方式、生活模式和经济管理方法发生深刻改变。对于如何做强做优做大数字经济，各行各业经努力探索总结出以下三点。（见

图1-14)。

```
┌─────────────────────────────────────┐
│      畅通数据要素市场化流通          │
├─────────────────────────────────────┤
│      加快产业数字化转型              │
├─────────────────────────────────────┤
│   构建数字思维的政策制度和资本市场   │
└─────────────────────────────────────┘
```

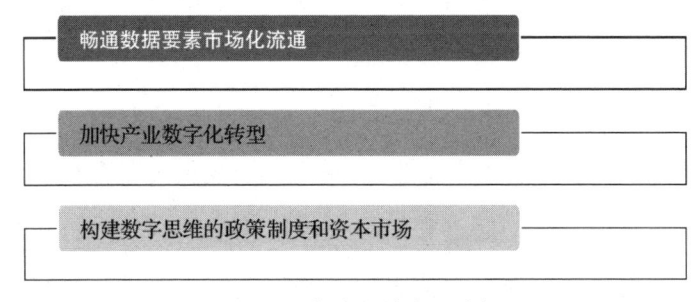

图1-14　数字经济发展路径

(1) 畅通数据要素市场化流通

数据要素是推进数字经济建设的核心引擎，尽管大数据有着广泛的应用意义，但唯有借助市场交易，方可实现由资源到资产再到资本的"变现"，实现数字经济的发展目标。当前，数据要素开发利用程度远远不够，主要原因在于数据要素流通不畅，交易体系不健全，以及数据产权制度、交易定价制度、会计制度、收益分配制度、中介服务制度和安全治理制度不够完善。

数据的价值在于流通交易。建立国家统一的市场，需要制定统一的数据要素流通交易基本制度，明确参与数据流通交易各方的基本权利与义务，建设多层次数据交易市场，坚持场外交易与场内交易并举、单点交易与平台交易共进。数据确权制度对于数据信息要素市场的培育有着十分重要的作用，只有产权界定清晰、权责明确，数据才能共享流通。

(2) 加快产业数字化转型

中小企业占全国工业规模的90%以上，中小企业的数字化转型不仅是全国企业数字化的重点，也是中国企业数字化的难点。前期生产流程再造的投入高，不愿转；企业难以估算转型预期收益，不敢转；

涉及商业秘密的数据安全难以保障，不想转；企业缺乏信息网络专业技术人才，不会转。上述四方面的困境扼住了中小企业数字化转型的脖颈。

因此，促进企业数字化发展需要从破解中小企业数字化转型的困局开始：引导有条件的龙头企业、"链主"公司开放信息数据，提高上下游企业的合作水平，促进它们融入数字化应用环境和行业环境；对中小企业数字化转型进行示范引导，消除它们不敢进行数字化转型的顾虑；健全中小企业的信息安全管理体系，有效化解风险；完善中小企业数字化人才培养体系，解决其"不会转"的问题。把工业网络列为国家重大基础建设专项，分层分类加速推进我国工业网络大数据中心系统等重要基础设施的建设，研究形成多元化、多渠道的支持制度，扩大对我国数字化发展的资金支持，特别对工业互联网领域的"专精特新"中小企业增强支持。

（3）构建数字思维的政策制度和资本市场

要使数字经济更好地服务于社会经济发展，推动国际创新经济发展的新格局，促进国民经济高质量快速发展，要以技术、资本、劳动等要素为保障，加快营造促进数字经济社会快速发展的良性环境。在数字经济背景下，以数字思维完善我国财税制度，让数字说话，围绕数字做事，让数字产生效益。

资本市场要发挥对数字经济发展的推动作用。要充分利用资本市场，强化数据要素价值，提升数据要素市场化程度，促进数字产业发展，逐步形成数据、金融、产业之间的正向循环。以资本市场为参照，建立健全数据要素市场的基础性制度框架，加强数据要素和资本市场的融合发展，提升数据价值。此外，要完善数据要素和资本市场融合发展的配套制度及治理体系，保障数字安全。

数字经济专栏 4

工商银行：数字化转型道路上的疾步前行者

中国工商银行（Industrial and Commercial Bank of China）创建于1984年1月1日，是一家大型国有商业银行。在Brand Finance公布的2017年全球最具价值品牌500强榜单中，工商银行名列第十位；在《银行家》杂志发布的2018年全球1000家大银行榜单中，中国工商银行名列第一；2018年《财富》500强中名列第二十六位。2019年6月26日，中国工商银行等八家商业银行作为首批用户接入企业信息联网核查系统。

一、数字化转型的五维布局

中国银行业数字化演进历程如图1-15所示。

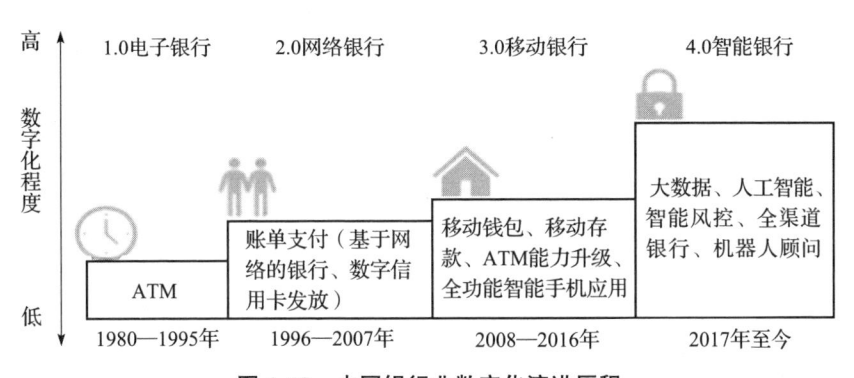

图1-15 中国银行业数字化演进历程

工商银行从五个维度进行数字化转型。

数字生态：以金融服务实体企业和民众为切入点和宗旨，积极推动金融手段、产业和功能的内部数字化，积极构建开放、协同、共赢的外部数字生态系统，并持续增强金融的包容性和适应性。

数据资产：目前，工商银行已形成功能最全面、算法最齐全、算力最强和弹性可拓展的大数据分析服务平台。

数字技术：2015年，工商银行率先进行了IT架构转型，推动银行业务从大型机向开放平台转型。通过持续的开拓与投入，工商银行已成为世界最大的企业级云计算技术平台以及世界领先的分布式技术基地。

数字基建：近年来，工商银行积极发展产业引领功能，为银行业提供了网络安全态势感知与信息安全资源共享的平台。工商银行将进一步统筹发展与安全，建立信息安全防火墙，着力推动国家绿色低碳数据中心建设，制定大数据分类管理标准与技术措施，强化数据安全与隐私保护，有效预防新科技、新产业、模型计算等潜在风险。

数字基因：响应国家的重大经济战略，工商银行在八个城市紧密配置科技资源，在全行建立了"客户市场—商业—技术"的创新循环系统。

二、数字化贸易的金融解决方案

电子信用担保产品以尖端技术、利用区块链，有网上开保函、网上发送、连锁通知、区块链测试等功能，真正解密了企业承诺、政府交易网上平台和分开承诺三个应用场景的还原功能，能够实现政府、银行、企业之间的加密数据交互，并终结纸质虚假担保函，为企业客户提供全面、定制、全过程的电子担保解决方案。

工商银行数字化转型战略如图1-16所示。

三、总结与启示

为了满足不断变化的客户需求、不断变化的监管要求等，金融机构需要进行重大转变。当前，数字化转型已成为金融业发展的大势趋。针对这一发展趋势，工商银行坚定推动数字化改造，结合智慧金融的企业结构调整、组织体系调整及ECOS建设，关注技术推动下的服务创造与价值创新，从而完成全方位金融技术的革新。

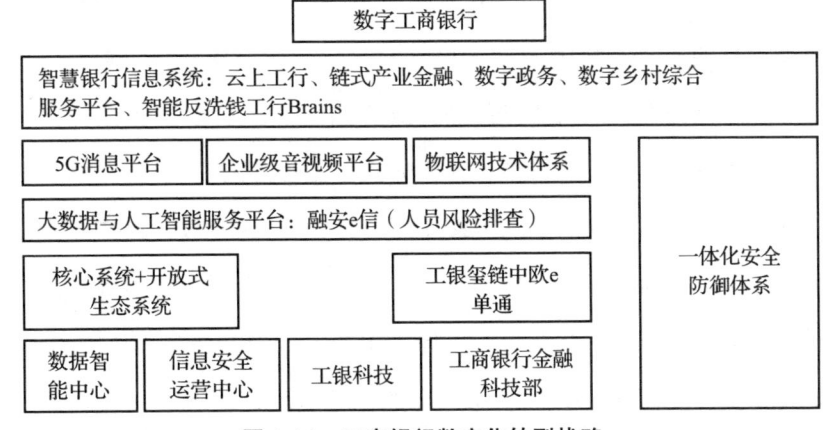

```
                        ┌──────────────────┐
                        │   数字工商银行   │
                        └──────────────────┘
┌─────────────────────────────────────────────┐
│ 智慧银行信息系统：云上工行、链式产业金融、│
│ 数字政务、数字乡村综合服务平台、智能反洗钱│
│ 工行Brains                                  │
└─────────────────────────────────────────────┘
┌──────────┐ ┌──────────────┐ ┌────────────┐ ┌──────────┐
│5G消息平台│ │企业级音视频  │ │物联网技术  │ │          │
│          │ │平台          │ │体系        │ │          │
└──────────┘ └──────────────┘ └────────────┘ │          │
┌─────────────────────────────────────────┐  │ 一体化安全│
│大数据与人工智能服务平台：融安e信         │  │ 防御体系 │
│（人员风险排查）                          │  │          │
└─────────────────────────────────────────┘  │          │
┌──────────────┐          ┌────────────────┐ │          │
│核心系统+开放式│          │工银玺链中欧e   │ │          │
│生态系统       │          │单通            │ │          │
└──────────────┘          └────────────────┘ └──────────┘
┌──────┐ ┌──────┐ ┌──────┐ ┌────────────────┐
│数据智│ │信息安│ │工银  │ │工商银行金融    │
│能中心│ │全运营│ │科技  │ │科技部          │
│      │ │中心  │ │      │ │                │
└──────┘ └──────┘ └──────┘ └────────────────┘
```

图 1-16　工商银行数字化转型战略

（资料来源：笔者根据多方资料整理）

2. 数字经济新生态

当前，我国数字化新业态、新模式和新价值主要有四方面发展态势。国家大力促进数字经济发展，深入推动数字产业化和产业数字化。

数字经济的特征如图 1-17 所示。

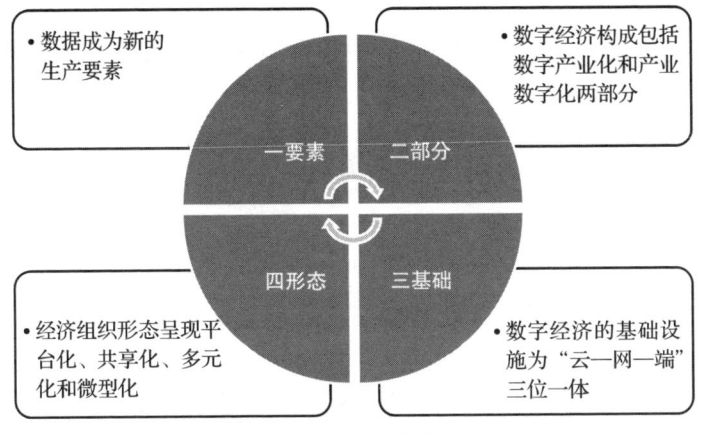

```
   ┌──────────────┐           ┌──────────────────┐
   │• 数据成为新的│           │• 数字经济构成包括│
   │  生产要素    │           │  数字产业化和产业│
   │              │           │  数字化两部分    │
   └──────────────┘           └──────────────────┘
              ┌─────一要素─┬─二部分─────┐
              │            │            │
              │            │            │
              ├────四形态──┼──三基础────┤
              │            │            │
              └────────────┴────────────┘
   ┌──────────────┐           ┌──────────────────┐
   │• 经济组织形态│           │• 数字经济的基础  │
   │  呈现平台化、│           │  设施为"云—网—端"│
   │  共享化、多元│           │  三位一体        │
   │  化和微型化  │           │                  │
   └──────────────┘           └──────────────────┘
```

图 1-17　数字经济的特征

（1）促进中国新兴的电子消费市场的发展

大数据分析、人工智能等在制造、运输、零售、教育、健康、城市治理等领域的运用，极大方便了民众的工作、学习和生活，提升了政府部门经济社会管理工作与服务的整体效能。

（2）产业数字化促进转型，为实体经济提供了新动力

新冠肺炎疫情的突发和疫情防控常态化工作的开展，将产业数字化转型由可有可无的抉择变为势在必行的抉择，"云用数字养智慧"等活动将深化实体企业的数字化改造，以促进制造、技术、服务等环节的重构。产业互联、智能园区、智慧仓储、个性化订制生产服务等初步形成了巨大的市场，给中国实体经济带来新动力。

（3）为居民消费与就业提供了机会

主动求职、副业创新发展和灵活性求职的兴起，更加激活了市场上革新、创业、再创造的内生动力与创新活力。更多的新型商业经营者通过网络实现产品设计、制造、营销和服务客户，这是自主就业和服务价值创新的体现。

（4）开创了利用供给生产要素的新途径

随着共享生活使用场景的快速普及，涌现出大量共享生产的新使用场景，如共享生活生态数据的创新孵化平台和协同生产平台。数据要素的价值创造将对企业生产力的发挥产生巨大影响。越来越多产业链上的上游及下游公司将形成一个以数据为基础的数字生态系统，从而促进互利共赢局面的形成。

3."云+数+智"数字化转型

企业数字化转型分为三个不同阶段，如图1-18所示。

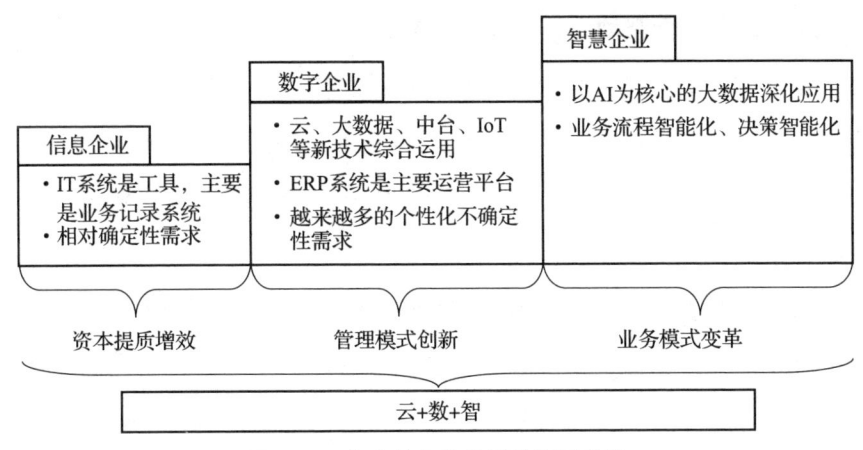

```
                                        智慧企业
                        数字企业          ·以AI为核心的大数据深化应用
信息企业               ·云、大数据、中台、IoT   ·业务流程智能化、决策智能化
·IT系统是工具，主要    等新技术综合运用
 是业务记录系统        ·ERP系统是主要运营平台
·相对确定性需求        ·越来越多的个性化不确定
                       性需求
```

```
 资本提质增效      管理模式创新        业务模式变革
                     云+数+智
```

图 1-18　企业数字化转型的不同阶段

（1）扩大了发展的生存空间，提升了经济效益

新业态、新模式、新价值观进一步促进了行业的跨境融合与升级，孕育了新型业态，引领了传统产业发展的方向，带动了新环节、新活动，进一步扩大了行业的发展生存空间。新业态、新模式的多元化、多样化、个性化等特性进一步开辟了新的发展空间，激发了新的消费潜力，促进了消费市场规模的扩大和产业规模经济的快速发展。

（2）加快了产业发展转型，提升了产业结构

推动制造业与服务业向信息化、智能化、互联网的方向快速发展，进一步调整了产业结构，推动中国传统服务型行业向现代服务型行业的转变。新商业模式刺激消费需求升级，也将推动产业向高端发展。

（3）变革行业的组织形式，提升行业管理的质量

新业态、新模式、新价值观加速了制造、流通、交换的变革，促进了企业数字化互联网模式的建立，改善了企业自身的制造方式和经营管理方式，高效配置各要素的资源驱动、网络一体化、协作、共享和集约化开发利用，实现产业链的高效协调和沟通。

(4)激活创新驱动力，培养行业发展新动力

新业态、新模式、新价值观将推动新型创业要素的产生，创造出新的资源要素和产品模式，使原生化创新模式不断涌现，带来了巨大的创新价值，加速了产业要素裂变、融合、重构，形成产业发展的新动能和新增长点。

(5)助力绿色共享，实现产业生态化升级

新业态、新模式、新价值观充分发挥数据要素的特性，冲破了传统生产要素有限供应对行业发展的约束，为可持续发展创造了基础条件与机会。共享生产、共享出行等新业态、新模式和新价值观将有助于社会以集约共享的综合方式配置闲散资源，通过灵活的生产、定制等生产环节进行重塑，实现投入产出的精准控制，实现清洁生产。

章末案例

中化能源：迈入数智赋能新时代

数字时代，企业面临的内外部环境变化速度不断加快，"互联网+"、数字化、产业变革等名词出现在生活、工作场景中的频率越来越高，市场信息、需求迭代更新等，对企业与员工的成长和企业核心竞争力提出了更高的要求。能源、化工行业作为中国工业经济的代表性领域，自2018年启动数字化转型的战略后激发了"数智工业"的蓬勃发展。在数字化变革中，将会产生新的生产力、新的贸易方式、新的公司组织管理方式，这对面临重大环境变化的中化集团来说是一个非常好的发展契机，也是推动企业创新发展、提升核心竞争力的重要途径。

一、公司简介

中化能源股份有限公司（以下简称中化能源）是一家科技驱动、创新成长、卓越管理的石油石化产业运营商和综合服务商。公司扩展炼化产业链，纵向延伸产品链，增强核心资产竞争实力，不断扩大石化产品经销网络和仓储物流网络的规模，为内外部客户提供综合服务。企业自主开发基于互联网信息技术的新型石油石化生产经营系统，真正迎合数字化时代，进一步完成产业数字化转型。中化能源致力于成为我国能源化工行业高效、可持续发展的推动者。炼油化工业务是公司的核心业务之一。炼化基地设在福建湄州湾石油化工产业基地泉汇石化工业园，已具备1500万吨/年的石油加工能力和100万吨/年丙烯、80万吨/年二甲基乙烯的生产能力。

二、破解石油供应链、交易效率和信用难题

中化能源针对行业中存在的关键问题为行业赋能，提供两大数字化转型解决方案。能源石化属于资金密集型行业，资产和资金的体量非常大，在当前的交易环节存在效率和安全两大难题。石化货物在途时间长，这意味着大量资金在将近5天的时间内被冻结。此外，由于采用纸质单据交易，行业存在非常大的造假获利空间。为克服上述困难和适应国际区块链分布式平台的迅速发展，中化能源建立以区块链为底层关键技术的核心应用平台，并针对跨国交易中各环节的核心单证技术与业务流程实现数字化，有效提高了协议履行、款项汇兑、提单流转、海关监管等环节的工作效率。

石化供应链存在行业充分市场化、规模分散化以及交易简单同质化等问题，许多业务场景尚未实现在线化，上下游之间缺少连接与协同。

为破解产业供应链管理中存在的诸多问题，中化能源运用自身在数字化转型方面的实践经验打造"66云链"开放平台，平台涵盖自助备案预约、排队车船的运单管理、主动配送、智慧园区、在线商检等功能（见图1-19）。

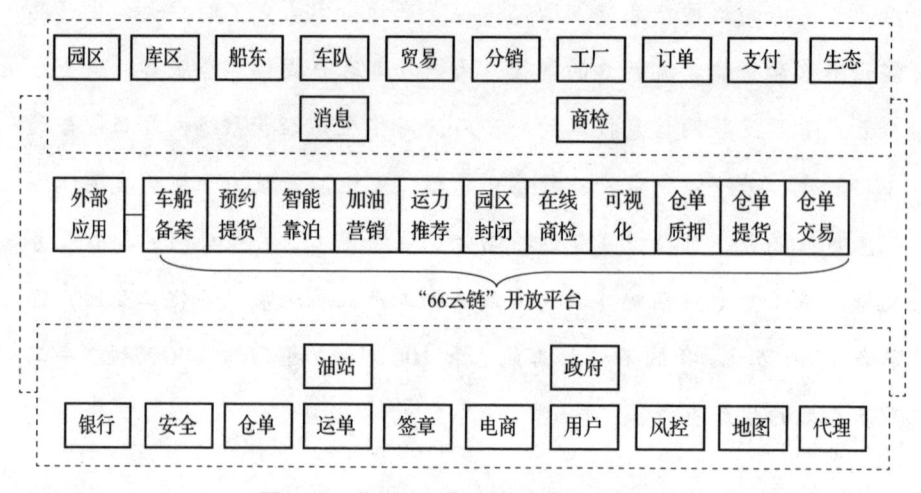

图1-19 "66云链"开放平台及其功能

"66云链"开放平台是一个集物流、配送服务功能于一身的全能化企业数字化的基础设施，提供了一站式在线物流配送解决方案和区块链数字仓单的企业金融解决方案，为企业建立了即时在线的多方合作能力，协助企业构建和完成了安全、快捷、可信的企业数字供应链业务与服务体系。目前，"66云链"开放平台已经服务了业内一百多家龙头企业，获得了良好的社会声誉和经济效益。另外，中化能源积极推动体制机制创新，设立"66云链科技"，通过员工持股试点，实现在双创领域的探索。

三、"线上中化"数字化转型架构

中化能源的数字化转型架构分为几个层级：底层由集团统筹建设

"一云""一湖";平台级分为共享技术平台、业务创新平台和战略管控平台;平台之上是为全集团和客户打造的统一门户。三个平台在中化能源内部进行分工建设,其中战略管控平台和共享技术平台由中化能源控股统一打造。在商业模式创新领域,石化行业产业链涵盖了从石油贸易、炼油化工、仓储物流到油品销售等不同的业务场景,为此中化能源充分发挥各业务板块的主动性,以业务导向和价值驱动为出发点,打造不同业务场景下的业务创新平台,实现全在线、全连接、全协同的业务创新应用,从而达到总部运营管控、业务模式创新和共享能力支撑的平衡。

中化能源将建立信息系统,实现信息管理层、经营层、控制管理层和决策过程层面的信息应用和服务,通过大数据和人工智能技术的深度融合,实现全局的一体化协同优化,为企业内部业务场景和外部场景赋能。与此同时,为推动"线上中化"战略落地,中化能源建立了完整的组织体系,保证一张蓝图绘到底,如图 1-20 所示。

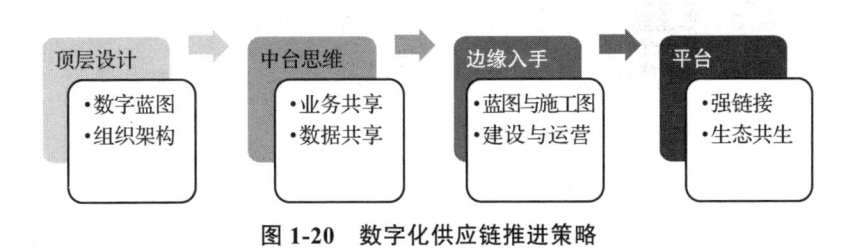

图 1-20　数字化供应链推进策略

四、推进能源化工业务与数字化技术的深度融合

能源部门进一步强化内部业务管理,以销售业务为主要试点,逐步建立了一体化的业务系统,基本实现交易服务的全国统一管理和网上运行。在化学工业领域,中化能源一直致力于"建设创新型数字化精细化工企业",经过一批数字化改造提升工程,依托公司的互联网平台建设的

创新型智能公司和智慧化工业园区初具规模，下属子公司均以智慧生产经营为主线，运行的智能化程度、安全与环保程度、质检效能、仓储质量、信息统计效能，以及整个公司运营能力等均有了显著的提升。

五、总结与启示

数字化是智能化的前提和必要条件。数字化的本质是企业经营、管理、生产经营的结构化过程。它是对所有相关流程和关键要素进行梳理，以满足业务需求，然后按照一定的规则在数字世界中构造和再现操作流程。数字经济的不断发展为企业带来了机遇与挑战，想要通过转型促使企业在数字化浪潮中占得先机，中化能源在转型与实践过程中的几点经验值得借鉴。

第一，高层领导坚定的战略指引。数字化转型需要持续投入，高层领导坚定的战略指引是前提，"三分建、七分养"的规律在数字化转型领域仍然适用。

第二，以业务导向、价值导向、问题导向为原则。传统信息化侧重于项目管理，强调规范化、标准化；而数字化转型需与业务紧密结合，侧重解决业务痛点，实现业务价值。

第三，明确创新主题，激活创新动力。数字化转型的创新主体并不是信息管理部门，而是业务和管理部门，应该让与市场和客户接触最多的团队来驱动创新。

（资料来源：笔者根据多方资料整理）

第二章
数据资产化

开篇小语

数字经济处在快速发展阶段，已成为经济增长和社会进步的关键力量。相关数字企业应当继续扩大数字经济领域的研究范围，不断升级关键核心技术，推动数字经济更好地满足人民需求和融入新的发展模式；搭建全面创新的基础设施，带动数字产业成长和经济社会数字化转型。政府须为数字经济发展提供良好环境，加强监督和管控，及时规范和纠正发展中出现的问题。各大公司参与数字经济发展的过程中，要始终坚持市场化的原则，维护市场公平竞争，共同保护数字化资产，共享公益性数字资源，实现合作共赢。

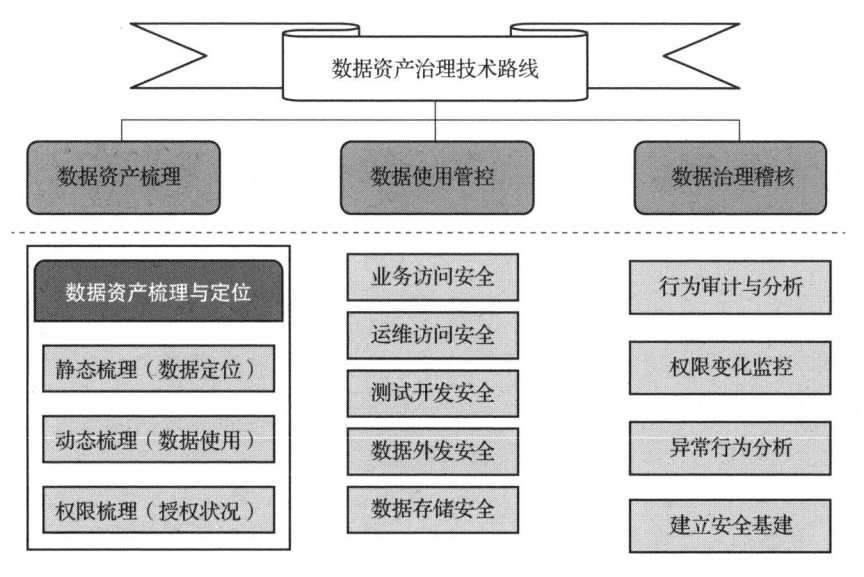

```
                    数据资产治理技术路线
         ┌──────────────┬──────────────┬──────────────┐
         │  数据资产梳理 │  数据使用管控 │  数据治理稽核 │
         └──────────────┴──────────────┴──────────────┘
         ┌──────────────┐ 业务访问安全    行为审计与分析
         │数据资产梳理与定位│
         │              │ 运维访问安全    权限变化监控
         │静态梳理(数据定位)│
         │              │ 测试开发安全    异常行为分析
         │动态梳理(数据使用)│
         │              │ 数据外发安全    建立安全基建
         │权限梳理(授权状况)│
         └──────────────┘ 数据存储安全
```

"数字科技正在大大拓展自己的领域和边界，以一种'无界'的精神把科技融入更多的行业，将触角延伸至各个实体产业，必将成为未来推动整个国民经济增长的核心驱动力，实现数字经济模式的新变革。"

——滴滴出行创始人　程维

> 开章
> 案例

易华录：推进城市数据资产价值化

近年来，信息、虚拟现实、区块链、人工智能等技术的不断创新与换代，已逐渐渗透到世界经济社会发展的方方面面。数字经济变革社会的速度之快、辐射区域之广、影响之深远是前所未有的，这意味着数据资产已经成为重构全球要素资源、重塑全球经济社会架构、改写世界竞争布局的重要动力。与此同时，我们反复强调发展数字经济的重要性，系统分析数字经济的发展历史，总结其中的更迭规律，确立中国数字经济健康发展的战略目标。这对于我们进一步提高自身地位，不断加强我国数字经济发展有着重要的指导意义。

一、公司简介

北京易华录信息技术股份有限公司以下简称易华录，成立于2001年4月，是国务院国有资产监督管理委员会直接管理的中央企业中国华录集团有限公司控股的上市公司。易华录的战略定位是成为以信息产业为基础的新兴文化产业集团，目前已经构建数字音视频终端、内容、服务等三大板块。

易华录充分发挥中央企业的优势，了解政府管理创新的需要，从而整合资产和业务资源，突破障碍，建立产业链。经过创新与研发，易华录应用物联网、云计算和大数据分析等先进技术，在智能城市、智慧交通、民航服务等领域，提出更专业的数字化解决方案。2011年5月，易华录在中国创业板上市，设立了十多家子公司和分部，服务范围覆盖全国31个省、自治区、直辖市和多个海外城市，为众多企业提供专业的技术服务。

二、推动城市数据全生命周期建设，构建数据要素市场化闭环

如今，城市数据遍布经济、文化、社会领域，具有来源丰富、类型多样、数量大、速度增长快等特点（见图2-1）。加强城市数据全生命周期的管理建设，是统筹兼顾数据安全和数字经济大局的关键举措，是提升城市常态化治理能力、为企业转型升级赋能的必要前提。显然，数据资产将成为推动城市提升核心竞争力、抢占市场先机的活力源泉。

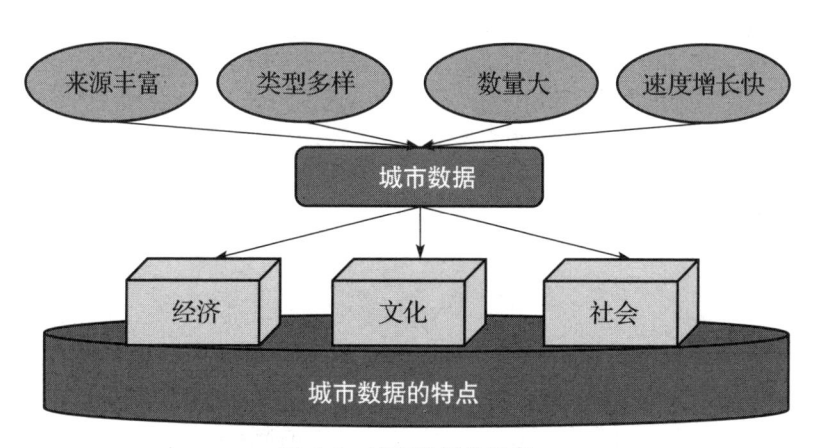

图 2-1　城市数据的特点

为了普及城市数据资产的概念，政府部门应在数据要素市场中担任基础性、探索性、主导性的角色，进一步提升市场的供给和服务能力，建设紧密联系数据需求者、数据供给商、生态技术服务商以及数据监管者的数据生态市场，完善资源配置运营体系；引领多元主体共建共生、合作共赢，推动政府数据授权运营的资产化交易和社会化利用，改善城市治理体系，提升城市治理能力，提高城市产业创新水平。

三、建设城市数据要素价值化体系,打造数据驱动型区域创新生态系统

目前,易华录以"数据银行"模式为基础,建立了数据资产化运营平台,进而开创了资产化数据要素、市场化资源配置的动态机制,构建了以数据要素为动力的驱动型生态系统。在确保数据资源稳定安全的前提下,最大化挖掘数据要素在"收集—存储—治理—交易—使用—监管"动态机制中的市场化配置和价值实现的突破口,通过数据要素的"低成本聚合、标准化确认权限、高效治理、资产交易和场景应用"五个环节(见图2-2),创建了数据资产化运营平台"简易计数工作室",实现了数据的高效聚合、确认、管理、融合、交易和运营。同时,以"场景驱动—可靠数据—可信运营"实现"数据—算法—场景"的三维整合,统筹国家数据安全与数字经济高质量发展,加快数据要素资产化和价值化的进程,释放数据要素红利。

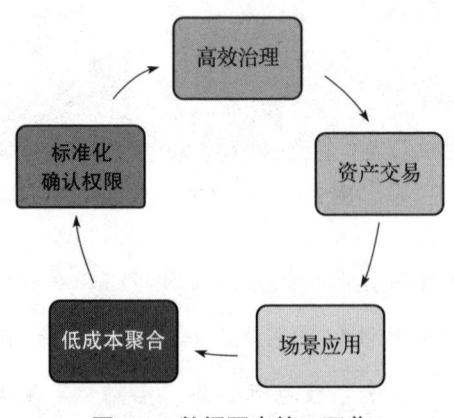

图 2-2 数据要素的五环节

四、多措并举推进城市数据资产价值化,加快区域数字经济高质量发展

企业积极贯彻国家政策方针,充分发挥市场机制,进一步加强大数

据要素融资的保障体系，全面开拓数据要素市场新业务模式，培育与时俱进的数字经济发展新模式。企业积极响应政府号召，依靠中央政策指导，辅以地方深度参与，连接数据要素集成的各个环节，因地制宜地形成区域特色，实现系统更新与技术创新相结合的两轮驱动，完善数据资产价值体系（见图 2-3）。

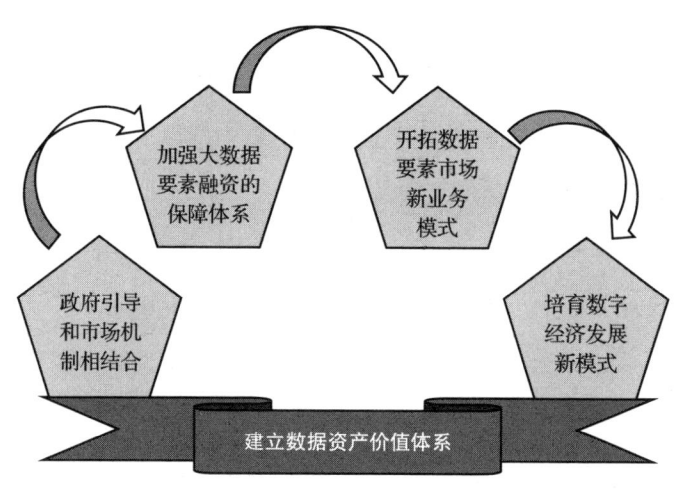

图 2-3　建立数据资产价值体系

未来，在深度挖掘城市数据资产价值的基础上，政府和企业应携手共进，加快完善具有中国特色的数据要素价值生态系统，探索以维护国家数字主权为核心的特色数字经济发展路径，紧握全球数字经济发展浪潮带来的机遇，全力建设数字贸易试验区。与此同时，努力通过跨境合作实现机制创新，在确保国家数据安全的前提下，尝试发展跨境数据贸易，改善国民经济运营效益，为全球大循环提供数据要素保障，促进区域和全球数字经济的健康、稳健、可持续发展，进而实现数据要素价值的全球化。易华录将继续在促进全球数据要素价值新生态系统发展方面努力奉献中国智慧，展现中国力量。

五、总结与启示

在数字经济快速发展的时代，易华录不断探索新的数字化发展道路，并且取得了有目共睹的成绩。未来，易华录还将继续挖掘数据资产，探索数据资产的潜在价值，为自身长久发展提供强大的支撑，努力促进中国数字经济进步。易华录的实践有几点值得借鉴。

第一，易华录通过建立数据标准、数据隐私评估、数据处理和数据产品包装四个步骤将数据资源转变为数据资产，在实现可控性和可遵循性的过程中将数据连续量化。

第二，在数据资产化过程中，数据资源的价值得到了极大的提高。易华录在政府领导和号召下，坚持多方合作，不断探索数据资产增值的路径，建立了数据资产增值体系。这些对推进企业发展和创新商业模式具有重要意义。

（资料来源：笔者根据多方资料整理）

一、聚焦数据资产化

21世纪是数字经济时代，各大企业对数据资产的掌握能力直接决定企业的发展高度，因此企业应当加大对数据资产的投入，寻求数据资产化的路径。数据资产化是在企业内部建立一类共同的"数据语言"。不同机构各司其职，依据一定的数据规范，实时采集工作流程中的信息，最终实现统一的数据资产化目标。数据资产化之后，数据资产将逐渐成为企业战略性资本的主力军，企业也将逐渐获得更多的数据资源，提升发现潜在价值的能力，并拓展更多的使用场景，形成数据资产生态系统，以此增强企业核心竞争力。持续经营的优质数据资产，充分体现业务价值，彰显企业的经济价值和社会价值。随着新一轮科技革命与产业变革的不断深入，各类产业升级方案应运而生。抢占大量数据资源、跻身于数字经济发展前沿是各大企业的奋斗目标，也是世界领先企业的重点竞争方向。企业管理者应当打开格局，登高望远，积极探寻数字经济演变趋势和内在规律，深度挖掘数据资产价值，促使数字经济全面健康发展。

1. 数据是稀缺资产

资产是企业因为过去的交易或事项形成的，并能够为企业创造未来经济收益的现有控制资源。数据资产指的是由企业或组织所掌握及管理的数据资料，能够为企业或组织创造未来效益。严格来说，数据资产化并不仅仅是赋予数据市场价格的过程，更是推动数据资本价值增长的过程。必须注意的是，并非全部的数据资料都能够变成数据资产，转化的关键步骤就是处理数据资料中的会计确认、会计计量、法律权属以及价值评估量化的问题。

自数据资产的潜在价值受到关注以来，中国学术界越来越重视数据资产领域的研究成果，主动参与数据资产的研发。研究者从不同角度研究数据资产，如提升大数据资产运营价值的方式、将数据资产化的具体流程、如何实现多领域的公共性等。王伟玲、吴志刚、徐靖通过调研深刻剖析促进信息要素交易市场发展的关键点和途径，从不同视角剖析数据资产的交易市场价格，探究怎样增强信息资本的市场活力，扩大市场规模，探寻新途径促进数据资产的自由流动，为企业发展提供指导方向。企业领导者汲取相关学术研究成果后，指导技术人员运用数据资产化理论开发新型商业模式，将理论与实践充分结合。

值得一提的是，数据在实际运用过程中不可避免地会涉及所有权和隐私权，因此企业必须加以注意，以适应现实需求。近年来，我国也在积极制定相关法律法规，以规范业务开展为目标，确保数据交易的规范性和有序性，进一步满足市场经济发展的新需求。

2014年，中关村大数据交易产业联盟成立，致力于实现联盟内数据资源的公开、流动与使用。同年，中关村数海大数据交易平台启动，主要提供元数据和完成预处理的数字化信息交易业务，数字经济进入高速发展阶段。2015年，贵阳大数据资产交易所注册运营并进行全国首批的大数据投资交易。贵阳大数据资产交易所旨在将数据转变成真正意义上的财富，促进数字电子化。随后，多家公司发展数据资产交易业务，但存在技术手段不完善、服务质量低和同质化等问题，发展缓慢且市场接受程度低。

近年，数据分析迎来了爆发式的增长。2016年至今，数据分析增量始终处于较高水平，2020年整体数据量达到了47ZB（ZB意为"泽字节"，十万亿亿字节），预计至2035年将突破2000ZB。目前，数据价值尚未被完全挖掘，数据分析利用率还不足10%，但预计至2025年这一项指数将会达到甚至突破80%。在数据量与数据价值利用率增长的双重影响下，我们相信，数据分析产业生态链上的各方都将迎来重大的发展机会。

随着数字经济不断深入发展，数据资产管理逐渐成为我国学术界的研究热点。主要研究方向为数据治理、数据资产确认等。学术界提出数据资产管理中的问题。一是难以判断数据是否具有资产属性。数据容易被复制，数据资产的所有权不明确，数据信息难以传递、交换和获取，从而产生数据孤岛。二是数据稳定性和真实性差，对数据管理构成威胁。传统数据库系统容易被非法入侵，数据持有者对所持有的数据拥有绝对控制权。所以，管理者能够轻易修改数据内容，甚至编造虚假、错误数据，且隐蔽性高、欺骗性强，不易为人察觉。因此，企业需要加强对这些问题的研究，消除严重影响数据资产管理的障碍。

2. 数据资产的三个特征

数据资产必须具备可变现性、可控制性和可量化性的特征（见图 2-4）。

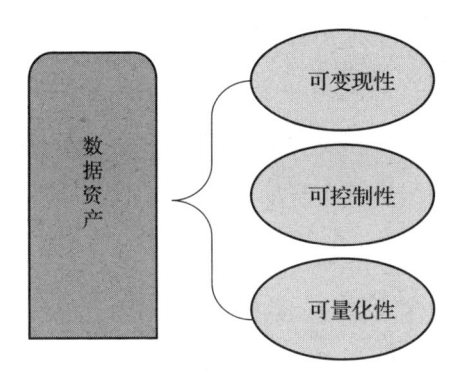

图 2-4 数据资产的三个特征

（1）数据资产的可变现性

数据资产的可变现性指的是数据资产能够为公司的经济发展创造良好的效益。因此，将数据资源以数据资产的形态流通，进行商业化和证券化，可以加速数据资产进入企业资产市场的步伐，以适应数字化时代中小企业的发展需求。同时，随着数字经济的发展，数据资产给公司带来的收益呈现出不确定性，即数据资产的市场价值依据自身及时性、维护成本和市场占有率的不同有明显的差异。

（2）数据资产的可控制性

数据资产的可控制性是指数据资产可以被合法控制和使用。首先，从数据所有者权利与管理责任的角度分析，需要保证数据资产具有明确的可控制性。其次，从数据资产的价值特性分析，对企业而言，需要保证数据管理者拥有专门的修改、查看、使用等管理权利，才能保证数据资产具备价值。再次，从影响数据资产价值的原因分析，被非法修改的数据资产很容易造成信息效率降低、信息失真和数据减值等问题的出现。当信息价值无法控制后，信息容易被非法复制或披露，将直接导致其价格的下跌，影响企业价值。最后，从用户角度考虑，企业通过数据资产的控制使用权，能够有效防止个人信息泄露。移动网络蓬勃发展的同时，企业信息和用户资料也面临随时可能被病毒侵入等风险，造成资料和个人信息外泄，这不但给消费者带来困扰，也会给企业的社会信誉带来破坏性的冲击。因此，企业必须提高数据资产的可控制性，增强总体数据信息的稳定性，从而维护其本身信息的安全。

（3）数据资产的可量化性

数据资产的可量化性指的是数据资产能够通过交易来流通，能够被精准计量。所以，必须选择一个客观可信的数据资产计量方式，才能适应数据交易流通的需求。在数字经济迅速兴起的今天，数据资产交易行业呈现出全面蓬勃发展的态势，能够提供数据资产交易服务的机构逐渐增多。数据资产评估报告是数据资产评估的重要组成部分，由于大多数数据都是以存储单元进行计量，难以明确数据的内在价值，因此需要以数据资产评估报告的形式明确，如数据资产质量评估、价值评估和等级评估等。例如，企业在评估数据资产的隐私级别时，可以根据实际情况和保密级别的要求将其设置为高度敏感、敏感、内部和公开四个级别。企业不仅可以从数据资产的获取成本和应用价值方面进行量化和分类，还可以从数据资产的重要性、使用频率和使用效果等维度进行量化和评分。对数据资产价值的量化，可以促进数据资产管理水平的提高。

企业可以通过数据采集、挖掘、整合等过程，深度挖掘数据资产的潜在价值。数据资产价值的释放取决于两类价值：一是数据的主要价值，这类价值在企业内部产生，即企业通过自己日常业务活动积累大量数据资源，通过这些数据的反馈回路为自己增值；二是数据的次要价值，这类价值在企业外部产生，即数据在市面上公开流通、共享，让外部的企业同样获得一个数据反馈回路，以此提升该企业的价值。总而言之，数据具有潜在价值已经成为普遍共识，如何抢占大量的数据资产，深耕数据资产价值已经成为企业要重点关注的问题。

数据资产化专栏1

万兴科技：赋能数字创意，释放云化新动能

万兴科技集团股份有限公司由吴太兵于2003年创立，在深圳设立研发总部，在长沙设立第二总部，在温哥华、东京等城市设立运营中心，全球拥有过亿用户，业务范围遍及全球200多个国家和地区。万兴科技深耕于数字创意软件领域，推出万兴喵影、Beatly、万兴优转等视频创意软件，亿图图示、亿图脑图、墨刀等绘图创意软件，以及万兴PDF等文档创意软件。万兴科技的目标是成为国际上独具特色、影响力广泛的百年软件老店。万兴科技现已成为中国最大的消费类出海软件企业之一，被认定为"国家规划布局内重点软件企业"，连续多年跻身于"德勤高科技高成长亚太区500强""福布斯中国最具发展潜力企业"等，已经成为全球新生代数字创意赋能者。

一、视频创意软件产品：万兴喵影（Filmora）

万兴喵影自2015年4月上线至今，超过1亿用户注册，如此高的用户量与软件本身应用优势紧密关联。和专业软件相比，万兴喵影功能丰富，入门难度低，更重要的是价格存在明显优势，有利于获取数量更多的业余或轻专业用户；和非专业软件相比，万兴喵影充分发挥了跨终

端能力，开发了桌面端技术和素材导入，便于用户剪辑和发布视频（见图 2-5）。综合来看，万兴科技开发视频创意产品的定位十分清晰，并且加速移动端产品的布局，全面发挥"PC＋移动＋云"多端优势布局。然而，目前占据着大量市场份额的是剪影、快影等产品，其分别和抖音、快手短视频平台合作，掌握着大量的流量密码，在市场上处于领先地位。可见，万兴喵影的竞争对手实力强劲，在之后发展中需要发挥其协同桌面端和移动端的优势，让客户购买会员后可以选择终端，享受海量服务和资源；同时，加大宣传力度，多方位展示产品的创新点和优势，挖掘拓展隐藏客户群体。

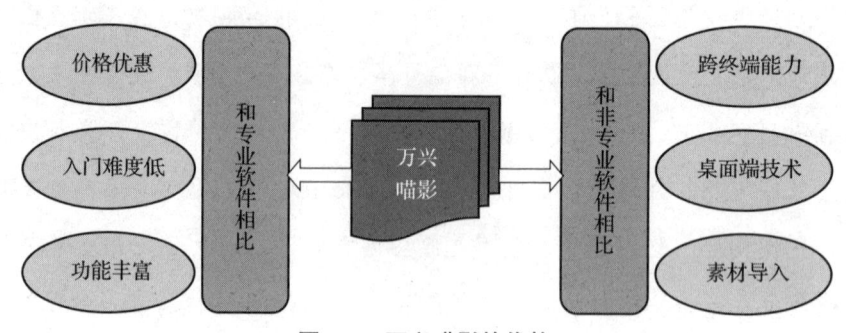

图 2-5　万兴喵影的优势

二、文档创意软件产品：万兴 PDF

根据万兴科技公司官网，万兴 PDF 的服务对象涵盖了华为、中国联通、国家电投等企业，以及清华大学、加利福尼亚大学伯克利分校等高校。取得如此成就主要归功于万兴 PDF 功能丰富，具有文件编辑、格式转换、OCR 图文转换、注释、电子签名、多文件合并、表单填写等功能（见图 2-6），为客户提供完善的 IT 管理系统，极大提高了运营效率。同时，万兴 PDF 能够满足 C 端和 B 端客户的多种要求，通过 PDF 在上千台机器的部署和切换，支持批量操作，极大缩短工作时间。更重要的是，其安装十分便捷，专业 IT 工程师用时不到 2 个小时就能完成万兴组策略、PDQ、SCCM 的组装，方便客户使用。升级为 AcrobatDC 后，万兴 PDF 运转更快速、系统更稳定，客户能够充分利用 Adobe 提供的高效的万兴 PDF 功能。因此万兴 PDF 在 Vector 网站第 29 届"人气软件大赏"中斩获了电子文档处理类软件中的"最佳产品奖"。G2Crowd 将万兴 PDF 评为"文档创建软件的市场领导者"。

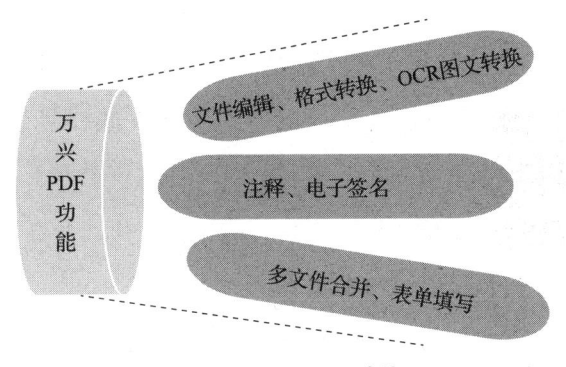

图 2-6　万兴 PDF 功能

三、总结与启示

万兴科技侧重开发以视频创意为主的创意软件业务。随着新生代用户主导能力的提升，未来将会诞生更多网络视频创作用户。由于智能手机的普及和视频软件的易操作，用户整体参与视频创作的意愿也快速上升，用户量快速增长，年轻群体参与度高，而且利用视频软件发布视频，通过平台分成、电商广告、直播打赏等方式，视频创作者还可获得可观收益，这吸引了更多的人加入视频创作中。视频创作软件市场空间广阔，万兴科技将加大研发力度，争取早日开发出更能惠及大众的视频创意软件。

（资料来源：笔者根据多方资料整理）

3. 数据资产化模式创新

数据资产化模式的创新主要是在传统数据管理架构的基础上，从数据管理内容、系统平台和过程机制等三方面对数据管理加以细化，把大数据资源当作资产加以管理，并以数据价值的发布为目标加以运营，从而打造出数据资产管理与运营的全新管理模式。全方位进行内涵构建、平台构筑与制度构建，促进了数据价值的转化。同时，利用现代技术手段，实现数字化产品设计开发过程与数字使用流程的深度融合，由此打通了"检查—理解—使用"的链条，从而大大降低数据资产的实际应用难度。以"服务"推动数据资产管理，打开数据资产与"业务"的联系，推进企业数字化、数字价值化和科技智能化，构建"业务+数据+技术"三位一体的企业数据资产管理体系和经营系统。

一方面，提升数据资产的供给能力，完成信息由资产向财富的转变。具体来说，包含了对数据资产的整个生命周期控制、数据资产评估估值、数据资产权益确定、流动与安全保障等。经过不断的数据资产增值运作，中高值数据资产进一步到达机构及消费者手中，信息由监管控制向增值驱动过渡。

另一方面，提升数据资产的使用效能，使数据资产价值最优化。具体内容包括构建统一的数据资产目录与标签，实现数据资产管理平台与各类数据分析工具的有效衔接，从而打通大数据和行业之间的障碍。通过打造整个行业的数据资产与业务生态系统，全面提高数据分析效率，实现真正的数据驱动金融。通过培养企业数据价值文化，健全组织架构与管理机制，促进数字化转型。重点内容包括银行的数据资产文化从传统被动管理向主动价值创新管理的转型。

二、价值变现

数字经济的蓬勃发展促进更多的传统产业开始数字化转型，一些新兴的数字经济产业正扩大规模。企业通常会建立起将用户数据化并聚集、共享的虚拟平台，这些平台利用网络汇集了用户流、信息流、资金流和物流等最具价值的资源，并加以开发和利用，衍生出无限的商机，获得了丰厚的回报。这些数据资产可以通过参与企业运营等方式为企业创造远超实物资产的经济价值，逐渐成为企业中不可或缺的重要资产。依赖数据资产创造价值以及依靠出售数据资产获取利润的企业，须将数据资产的运营系统进行升级，让数据资产源源不断地为企业注入发展动力。

如何有效地做好数据生命周期管理，提高数据价值，将数据资源转化为数据资产，实现数据资产化，部分掌握海量数据的企业进行了相应的研发与探索。

1. 动起来：流通中实现增值

近年来，数据资产在数字经济中发挥着愈加重要的作用。为了更高的收益，企业加大投资力度，发掘数据资产的价值，并且在原有价值基础上寻求价值的增值。目前，不少企业扩大了财务数据资产的流通渠道，实现了内部数据固定资产的相互融合，并进行了财务数据资源的优化配置，有效推动了内部数据固定资产的增长。公共流通渠道分为财务数据固定资产共享、数据分析固定资产公开、内部数据固定资产交易等。财务数据固定资产共享是现阶段企业之间协作的常用方法。内部具有差异性的企业，可能在过程中运用外部数据固定资产，通过采用人性化的分析工具或方法，使内部数据固定资产的价值转变为公司自身的服务内容。数据分析固定资产公开是指由政府部门承担的公开数据管理职能，通过灵活运用政府部门采集数据的能力，以多种形式向整个社会发布数据。内部数据固定资产交易是指公司在确定的市场买卖合同条款下，进行的内部数据资产买卖。例如，企业为研究目标客户、开发新商品，购买有关制造商的历史贸易记录。上述流通渠道能够将拥有各种特征的数据资产在流动过程中进行联系与融合，产生更有价值的数据资源，有助于企业设计更优质的产品或提供针对性更强的业务，推动社会整体效益的改善。

  流通中的数据资产一旦增值了，企业不仅自身能够持有数据资产，还可以参考其他企业披露的数据，获得业务经验，从而寻求企业自身更好的发展。数据资产交易是把各个行业的各种特征的数据资源加以关联与整合，获取许多有价值的数字资料，并将其运用到数据投资领域，提升企业的运营效率。数据资产交易分为数据资产共享、数据资产公开、数据资产买卖等类型（见图2-7）。数据资产的共享主体一般产生在合作企业内部，因而数据资产的买卖受到合作企业内部的协议限制。

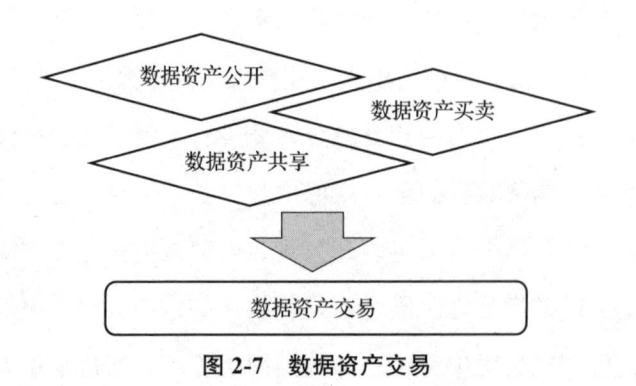

图2-7　数据资产交易

2. 放出来：开放中挖掘价值

数据资产开放是数据所有者将原始数据向全社会开放，任何团体和个人都可以下载、利用和开发。"信息自由"和"信息公开"的概念为数据资产开放的发展提供了良好的发展思路。"信息公开"为数据资产开放打下了良好的法律基础，提供了坚实的保障。数据资产开放是信息公开的延伸和进一步发展。相比于信息公开，数据资产开放在深度和广度上得到进一步提升，重点集中在数据的开发和利用上。政府数据资源的公开是数据资产开放的重要环节，数据资产开放可以在一定程度促进政府数据的公开，有助于公开透明的政务体系的建立。与一般政府数据披露所强调的公民知情权不同，政府数据资产的披露更注重的是公民对政府数据的使用权，随着数据资产开放程度的不断加深，政府数据的潜在商业价值不断被挖掘，传统产业面临着新的机遇与挑战。一个新的开放数据业务生态系统正在逐步建立，这刺激了对政府数据资产适度、合理开放的需求。同时，经济社会运行的需要和技术进步促进了数据资产开放的发展。数据资产开放如图 2-8 所示。

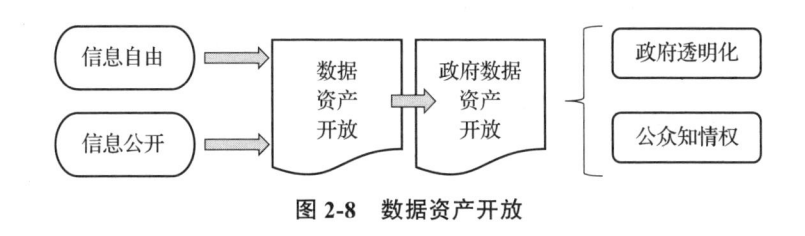

图 2-8 数据资产开放

3. 看过来：共享中实现价值

随着全球化进程的推进，人类在气候、环境、能源、安全等领域间的国际合作正在加强和不断深入，跨领域、跨学科、跨地域的协同创新正在加快。数据资产共享是两方或多方共享、开发和利用相关数据。数据资产可以在政府部门、政府和企业、企业事业组织之间共享。与全面开放数据资产不同，数据资产共享会限制使用。例如，中央银行的个人信贷资料只可供本人及银行等特定对象使用。

随着数据共享需求的日益增强，科学数据资产共享方法呈现多样化趋势。实现科学数据资产共享的方法有多种，如科学数据发布、数据资源中心集中存储、数据联盟共享等。科学数据发布是科学研究及其衍生数据所产生、获取和使用的原始数据的发布活动。科学数据发布即公开发表科学研究数据供其他科学研究人员和科学机构使用，并对科学家的数据开展著作权申报，其目的是保护科学家的工作成果。公开发表的科学数据确保了数据质量，可永久存储。

数据资产化专栏 2

南京广播电视："创新、开放、互融、共生"新生态

南京广播电视集团有限责任公司是中国国家广电总局批准的第一家中国副省级城市广电集团，由南京电视台、南京人民广播电台、南京广播电视报社和南京音像出版社等单位组建，是全国首批文化体制改革试点单位。

1949 年，南京人民广播电台成立。1980 年 1 月 17 日，南京电视台成立。2002 年，南京电视台、南京有线电视台、南京人民广播电台等合并成立南京广播电视集团。2013 年 1 月 18 日，南京广播电视集团改名为南京广播电视集团有限责任公司（以下简称南京广播电视集团），并启用新台标，拥有 8 个电视频道、6 套广播频率、多个网络平台和移动终端，以及多个产业项目。从新闻宣传、内容生产到产业经营，南京广播电视集团始终位列全国城市广电媒体的第一阵营。

一、广电行业的数据资产——可交易数据

广电行业的可交易数据主要是视音频产品，数据资产化的过程主要就是数据资产交易的过程，难点在于版权保护和维权。因此，南京广播电视集团于 2020 年建成了全国首个基于区块链技术的数字版权管理平台——广电体系版权媒资内容确权、维护、交易平台，这是一个可以快速实现媒资产品的版权确权、版权维护、版权交易的平台。

该平台采用联盟链架构，任何广电机构都可以作为组织节点加入该链，共同促进大众媒体版权市场的发展。同时，该平台支持与第三方平台对接，如电视台媒资、优酷、今日头条等，方便媒资产品确权认证。目前，该平台实现了与南京广播电视集团媒资系统、"牛咔视频" APP 等的无缝对接。与南京广播电视集团媒资系统对接后，可以单条或批量对媒资中的内容进行确权认证，并将确权结果以 XML 文件的形式推送，能够分类识别图片、视频、音频、文稿，分别进行确权。此外，该平台还支持跨链技术，实现与不同区块链系统中资产、数据和业务的互操作，可以快速实现数据资产化。广电体系版权平台如图 2-9 所示。

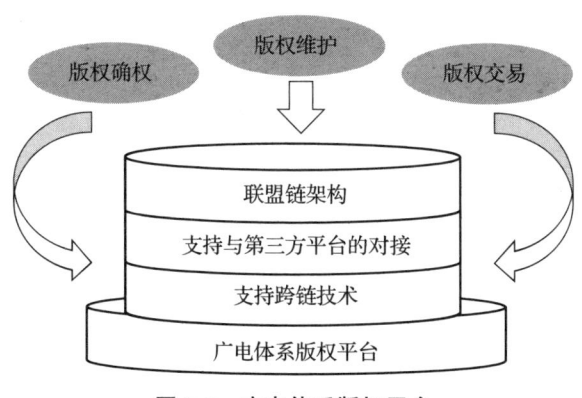

图 2-9　广电体系版权平台

二、广电行业的数据资产——为业务赋能数据

融媒体时代，媒体核心竞争力在于用户数据。数据是一切信息的源头，是打开创新大门的钥匙。南京广播电视集团作为服务性单位，其为业务赋能数据主要是用户数据的管理和应用，在数据集成这方面，主要进行如下方面的探索（见图2-10）。

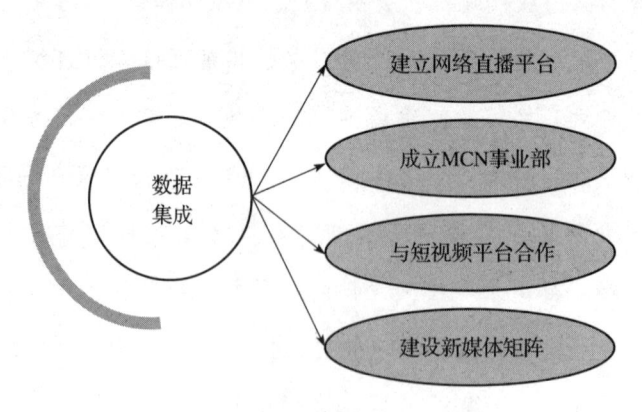

图 2-10　数据集成

第一，建立网络直播平台，即"牛咔视频"APP，通过线上、线下多种方式引流用户注册登录，形成平台用户数据。例如，与南京市中小学、幼儿园联合举办各种有意义的直播活动，举办少儿春节晚会、社区活动、各种节假日活动等，设立大学生频道，播出本地特色新闻等，以此吸引大学生、家长及其他社会各界人士参与，达到拉新、引流的目的。

第二，成立MCN事业部，鼓励南京广播电视集团的节目主持人、记者或有特长的员工，通过各种平台经营个人账号，并给予不同形式的支持和帮助。培育传媒大V或者网络达人，吸引粉丝，并在形成规模后引流到集团自有平台，达到反哺目的。

第三，与短视频平台合作，多渠道、多方式推广展示南京广播电视集

团节目，增加节目曝光率，吸引粉丝。

第四，建设新媒体矩阵，借此实现拉新。建立了如"广电猫猫""在南京"等微信公众号、微博账号等，还与本地政府机关、行业组织、社团合作，实现互利共赢。

三、总结与启示

广电行业的数据资产包括两类，即可交易数据和为业务赋能数据。数据资产化过程包括数据集成、数据治理和数据应用三个环节。数据资产化不是一蹴而就的，需要慢慢摸索。媒体应该从战略角度看待对用户数据的经营，重视数据价值，建设自己的数据平台，归集整合多渠道沉淀下来的用户数据，把"受众""粉丝"变成"用户"，并形成自己的核心数据资产。用好客户端、用户社群、网络问政等联系群众的数据平台，增强用户黏性，牢牢把握用户数据，实现数据资产化，构建"广电+"生态体系，培育可持续发展的盈利模式。移动互联网时代，传统媒体行业面临生存危机，应充分利用媒体深度融合的发展契机，抓住数字化转型机遇，加速融媒制播一体化发展，实现主阵地向移动端转移，发挥数据引领作用，通过技术创新实现产业升级，助力广电可持续发展。

（资料来源：笔者根据多方资料整理）

4. 用起来：数据资产交易

随着数据行业的蓬勃发展，企业对外部数据的要求更高，数据资产交易受到更多的关注，为此，政府部门大力指导中小企业发展大数据分析资产交易，进行应用型数据分析资产交易试验，开发大数据分析衍生品交易方式。同时，政府部门要引导行业各环节的市场主体开展数据交换与贸易，建立健全数据资源交换制度与价格体制，规范贸易行为。数据资产交易如图 2-11 所示。

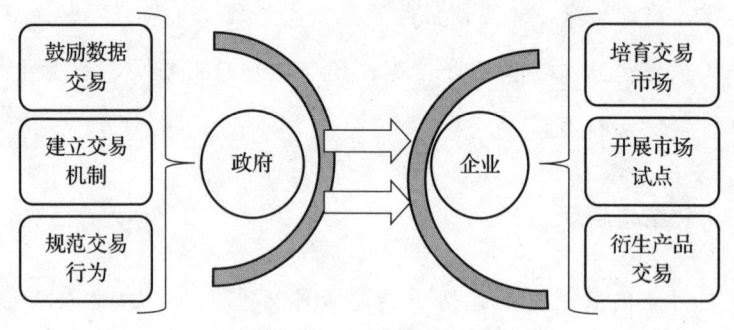

图 2-11　数据资产交易

数据资产交易主要是数据拥有者和数据使用者在市场交易规则下进行自由交易，是形成数据资产的重要途径。通过数据资产交易，数据的价值得以体现和优化。一方面，由于数据资产交易的前提和基础是明确的产权归属，交易数据可能具有多个生产主体。但是易于复制的数据特点使其不同于以往的商品，造成数据产权的界定困难。因此，许多学者对数据资产交易过程中的数据所有权、数据产权界定、授权合法性等问题进行了研究。另一方面，数据资产交易的关键是确保数据交易和数据使用的安全性，降低数据泄露风险，从而保证数据稀缺性，因此需要对数据资产交易中的数据安全和隐私保护等开展研究。总而言之，数据资产交易在学术界和产业界获得了高度的关注，研究内容不局限于以上所列举的几个方面，学者的研究重点还集中在数据质量、定价策略、数据资产交易模式和机制构建等方面。

三、数据资产化的升级

随着人类社会进入数字经济时代，数据化浪潮正以迅雷不及掩耳之势席卷全球，给世界带来广泛而深刻的影响。人们意识到大数据价值是无形的、有意义的巨大财富，谷歌、Facebook、阿里巴巴、腾讯等公司的市场价值都高达数千亿美元，这不仅得益于它们自身的商业模式以及技术能力，更得益于它们在数据市场中所具有的重要价值。对数字拥有者和管理人员来说，增加投入力度并寻求数据资产化的升级途径，实现对数据资产的正确管理与高效运用，能激活和全面释放数字资源的巨大价值。

数据资产化过程提高了数据资源的价值，对当前数字经济背景下企业的发展具有积极的促进和指导作用。因此，保持数据资产的持续增长，提高数据资产的价值实现能力，已成为企业发展的新的增长点。如何保持数据资产的持续增长是数据资产化研究领域需要解决的主要问题。

1. 数据资产化升级"四步走"

数据分析资产化流程是企业持续、稳健、健康发展的有效手段，将数据分析资产化流程视为一项长期持续性的工作，要求企业根据经营需要和经营模式构建完善的数据分析资源管理系统，并通过划分数据资产权和数据资源标准化，提升数据分析资源品质，保证数据资产运营安全性合规，从而达到数据资源可以被量化评价并升值变现的目的。

（1）数据资产化首先需要在数据使用上达成共识

企业要想达成共识，需要进行数据资产管理标准化工作，为以后的管理工作打好基础。首先，针对企业现状，明确企业数据标准的基本状况。其次，要形成数据字典的数据字段规范和系统，形成统一的企业数据资产使用规范，提高企业数据资产化统一性和规范性。

（2）数据资产的使用离不开数据隐私的分类管理

设置数据资产分类，对数据资产进行高度机密分级，从而减少数据资产运用过程中的机密泄露风险。

（3）数据资产需要处理数据

随着大数据处理、云计算等数据技术的不断进步，数据处理技术的发展日新月异，把大量原始数据转换为高价值数据资产的技术已经在世界不少先进企业中取得了较好的应用。

（4）数据资产的封装是对数据产品价值的评估和数据访问接口的开发

数据产品的价值评估可在模型关系、数据属性、与业务的符合程度等方面设定权重指数，并建立评估准则，通过统计方法获取量化的数据资产质量评估报表。通过数据资产质量评估报表，对标准格式的数据资产进行封装，并以加密方式保存数据资产，预设有可扩展性与兼容性的访问界面，确保已封装的数据资产可以合理高效地使用。

数据资产化升级"四步走"如图 2-12 所示。

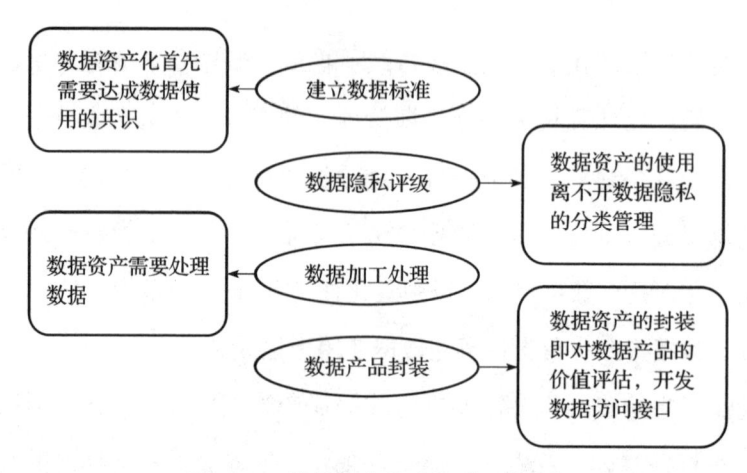

图 2-12　数据资产化升级"四步走"

数据资产化专栏 3

恒信东方：CG 技术构筑护城河　聚焦少儿文化产业链开发

恒信东方文化股份有限公司（以下简称恒信东方）前身为恒信移动

商务股份有限公司,成立于 2001 年。恒信东方以 AI 合家欢平台业务为抓手,完成儿童全产业链运营与布局;依托场地(梦幻)新娱乐(LBE/VR)业务体系,切入智慧城市建设;通过云视频运营服务,接入云端,打造新型技术生态,向未来技术过渡。恒信东方提出并坚持"动漫+"概念,长期致力于打造动漫影视娱乐产业链一体化服务的平台,通过品牌授权、主题乐园、亲子嘉年华、传播发行等推广方式,为品牌量身打造独特的营销方案并为之付出坚持不懈的努力。

一、公司业务模式:CG 技术为基础,聚焦少儿市场进行 IP 全产业链开发

恒信东方最大的竞争优势在于基于 CG、CV 形成了 IP 获取、内容生产与"市场+渠道开拓"的全产业链布局。恒信东方利用子公司之间的业务协同效应,覆盖了从上游 IP 获取到中游内容生产再到下游市场渠道的各个环节,打通内容 2C 环节,完成内容产品与用户的线上线下连接。

数字文化产业成长红利如图 2-13 所示。

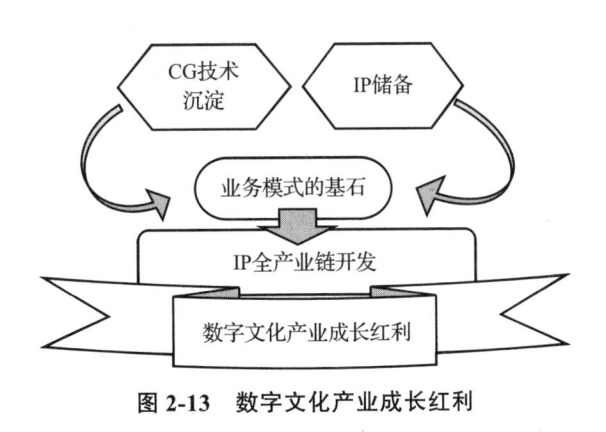

图 2-13 数字文化产业成长红利

恒信东方聚焦变现潜力较大的少儿 IP 衍生品开发市场以及正处于蓬勃发展阶段的城市 LBE 新娱乐市场,通过介入 IP 生产和获取,获得了

优质 IP 开发运营权益。在 CG 应用与创意生产方面，公司聚焦于需求较为强劲、优质内容供给较为短缺的少儿 IP 市场；在变现衍生方面，公司涉足儿童娱教产品开发和迎来政策利好的 LBE 市场。前期的 CG 技术沉淀和 IP 储备，为后续变现能力提升准备了充分条件。CG 技术优势是公司业务模式的基石。公司凭借较强的 CG/VR 技术与全球顶级创意资源合作进行原创 IP 的生产和代理，进而介入 IP 全产业链开发，分享数字文化产业成长红利。

二、技术领先，视效流程全覆盖，拥有可复制数据资产

恒信东方实力强大，拥有众多优势，如技术人才储备丰富，开发多项技术并拥有多项技术专利，为影像生产创作提供专业的支持。与此同时，恒信东方的管理体系完善，实现视效流程全覆盖，让企业拥有可复制数据资产（见图 2-14）。

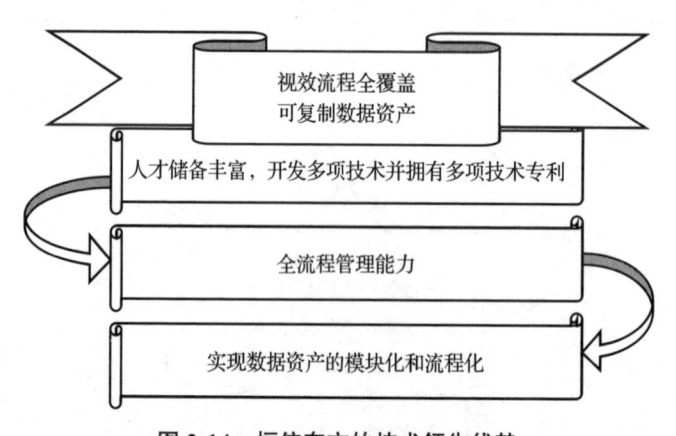

图 2-14　恒信东方的技术领先优势

1. 人才储备丰富，拥有多项技术专利

CG 生产制作团队源自中国科学院自动化科学艺术研究中心，具有多年影像行业创作和生产经验，同时拓展全国区域技术资源，在上海、苏

州、武汉、成都等地培养影像创作工作人才。创立至今，公司拥有多项发明专利和著作权。

2. 全流程管理能力

不同于国内只能覆盖CG制作某些环节的工作室，公司具备从原画设计到建模，再到材质灯管、骨骼绑定、渲染的全流程管理能力。

3. 实现数据资产的模块化和流程化，提升运营效率

在取得主要角色的表演视频素材后，所有的画面元素均可以工业化的方式进行生产并组合。全CG制作中的优势在于制作过程中产生的影像数据可以作为资产直接应用于游戏、虚拟现实等场景，通过影游联动、虚拟现实展示的方式，有效降低整体生产成本。在CG影像创制方面，公司拥有专业的数字视觉技术能力和高效率的社会化生产平台，借助智能管理技术与平台的支撑，在整个生产过程中实现规范化的管理、专业化的分工与标准化的质量控制。

三、总结与启示

恒信东方聚焦少儿市场进行IP全产业链开发，将有良好的发展前景，研发人才结合最新的CG、GV专利技术，辅以高效率的企业管理体系认证，实现了数据资产的模块化和流程化。恒信东方要把握好发展机遇，加大企业主营业务的投资力度，严格把控产品质量，利用好先进的数字技术，制作出符合国家期待、满足受众人群需求、给儿童带来积极影响的动漫，才能在此道路上走得更远。

（资料来源：笔者根据多方资料整理）

2. 数据资产应用升级

企业灵活运用数据资产，发挥数据作为主要生产要素的资源优势，以增强企业的核心竞争力，推动企业数据资产的稳定增长。所以，企业在长期发展中应做好对数据的战略定位，即为在激烈竞争中生存，企业需要首先应对市场需求。这就表明企业必须对市场状况了如指掌，只要市场状况变化，企业数据资产必须适时调整。企业还可以通过迭代分析的方法，如运用当前最主要的分类研究、回归式分类研究、关联分析方式、数据聚类分析等分析工具，进一步提升发现大数据分析规律和数据背后隐含价值数据的效率，并及时发现错误数据，有效调节企业的业务经营和市场策略，实现进一步提升大数据资产价值的目的。

数据资产管理在企业中的广泛运用有助于推动数据资产的稳定增长。数据战略导向型公司，通常依托于已有的大数据资产开展新产品和应用研究，为满足用户的需要，不断更新大数据资产。在此过程中，企业利用集成大数据资产，进行数据分析、数据精化、数据挖掘，并通过回归分析、分类分析、关联分析、大数据聚类等方式，协助企业找到隐含于大数据中的新规则和模型，从大数据中获得隐含的未知的有价值的数据，据此识别错误信号，适时调整有关服务和使用大数据资源，创造大数据资产的新价值。因此，网络企业可以运用长期积累的历史数据构建应用档案，协助企业决策者更加精确地了解应用特性和获得正确的服务。

数据资产应用升级过程中，在确保数据获得有效保存和合理使用的前提下，企业不但要保障获取、保存、加工、利用、提取、交换、发布数据等的安全性，还必须针对数据价值实现的各种服务场景形成不同的安全保护能力。唯有确保数据资产的安全、合规，才能最大限度保证数据的可用性和可挖掘价值，实现数据资产的应用升级。在对数据资产的安全性要求越来越高、监督管理更加严格的情况下，联邦学习、多方计算等数据安全保障技术的诞生，一定程度上既能够实现数据资源的可用不可见化，又能够实现数据资源安全适配使用场景，所以基于数据资产安全性的应用升级将成为当前发展趋势。

3. 金融衍生品增值

随着金融市场的发展，凡是能够在可预见的未来形成固定市场现金流的固定资产都能够进行证券市场化。尤其是，金融市场上的投资人正逐步提高对创新资金及其派生工具的了解程度和风险控制能力，这是在投资金融市场上为拥有对社会广泛价值的资产融资的一种积极信号。所以，内部数据资本派生金融工具的产生对中国数据资本交易市场的发展有着重要影响，也是数据资产增值的重要途径。因此，公司能够将重要的内部数据资产运用到公司投资中，以未来的稳定现金收入为保障将内部数据资产证券化。中小企业要吸引数据资产投资，必须将以市场发展需求为导向的大数据资产服务项目打包，才能使数据资产投资与大数据分析业务成为一个系统，从而建立新型的大数据分析服务体系，这是资产证券化的基础。中小企业要想打造数据资产金融的衍生业务，可从如下渠道着手：数据资产抵押，即数据资产可以作为债务人的保证物质押给债权人，当债务人无法偿还欠款时，债权人有权将数据资产变现或者优先进行受偿处置；数据资产投资，将数据资产移转至特设载体上，再由此特设载体以企业等作为抵押物，通过重新打包、信用评估后所发出的可流动性的股票，协助公司开展投资管理等金融运作；数据资产委托管理，将数据资产委托给专业公司进行资金管理，被委托公司将按照数据资产实际运作状况提供资金管理的相关服务（见图 2-15）。

```
┌─────────────┐    ┌──────────────────────────────────┐
│ 数据资产抵押 │───│ 将数据资产抵押给债权人，债权人有权将│
│             │    │ 数据资产变现或优先受偿处置        │
└─────────────┘    └──────────────────────────────────┘

┌─────────────┐    ┌──────────────────────────────────┐
│ 数据资产投资 │───│ 将数据资产移转到特设载体，发行为可 │
│             │    │ 流通的证券，帮助企业融资          │
└─────────────┘    └──────────────────────────────────┘

┌───────────────┐  ┌──────────────────────────────────┐
│ 数据资产委托管理│─│ 将数据资产委托给专业公司进行资金管理，│
│               │  │ 被委托公司提供资金管理的相关服务  │
└───────────────┘  └──────────────────────────────────┘
```

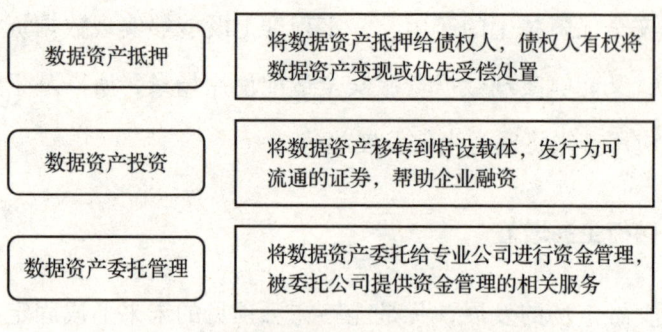

图 2-15　打造数据资产金融衍生业务的途径

公司在使用金融衍生品软件的过程中，应当重视金融数据的可视化。数据可视化主要指通过影像及图形处理技术，把数据转换成数字或影像在触摸屏上显示，用于决策分析。在数据资产融入金融衍生品的过程，除了数据资产本身可能面临潜在危机外，企业还需要防范金融市场波动给数据资产带来的风险，因此企业必须提高警惕，关注数据资产安全。数据作为能直接提供价值的资产，它必须像资金流那样，有即时的数据"资产负债表"，这是金融及衍生产品业务机构决策的依据，机构必须采用可视化方法实现对数据资产的安全分析，从而使数据更好地被挖掘使用，为机构和使用者产生价值。同时，通过在各个层面上展示大数据的使用情况和分布状况，内容涵盖大数据位置、流向、访问频次、使用趋势、异常情况、攻击行为等，这为金融及衍生产品业务机构管理者提供了更直观的大数据生命周期和服务场景的数据分析，促进数据资产与金融衍生产品融合，实现数据资产增值的目的。

4. 数据资产区块链管理

面对公有链上节点总量大、数据量大、共识利用率低、数据资源耗费巨大、监管难度大等问题，为确保每个节点都平等参与数据资产的流动与共享，同时规避公有链的弊端，企业可创建专门服务于数据资产管控平台的区块链体系，重新调整基于块环链的数据资产模式。具体步骤如下所述。

（1）基于块环链的数据资产管理目标

因为数据分析管理贯穿于整体数据分析供应链生命周期的全过程，所以数据分析管理的总体目标就是进行数据分析的全过程、全景类型和整体生命周期管理。完整流程是空间维度的目标，需要从元数据集合出发，把各种过程中形成的数据分析上传给一个区块链网络，并采用链数据块跟踪数据源，以保证数据的真实性。全景类型则是应用场景层次的目标，按照各种应用场景的要求对数据分析进行规范化管理，以建立符合各种使用要求的数据管理产物，尽量减少反复性作业，提升产出效益。以整体供应链生命周期的时间维度为目标，按照产品生命周期理论，面向数据生命周期的不同，选择适当的原则与策略，保持产品管理的连续性与稳定性。

（2）基于块环链的数据资产管理系统

构建数据标准系统，数据标准化是数据资产管理模型的基本要素。元数据类型繁杂，沉淀量巨大，数据密度低，在采集数据后必须运用数据分析技术加以细分，提升数据品质，发掘数据价值。

（3）实施强有力的监督和保障制度

数据资产流通交易需要合理统一的定价标准和会计制度，数据资产没有实物形式，具有无形资产的一些特点，但不同于无形资产的是数据资产的价值会得到提高。因此，企业可以通过工商登记号码，公民可以通过个人身份证号或者其唯一的识别号登录为区块链节点，而后系统内的各个节点都必须充分行使其监督管理权，并时刻记下错误节点，以形成社会共识，并实施更严格的惩罚措施，保障所有节点的权益，从而提高管理互联网大数据资产的效率。

四、数据资产化与安全

在数字经济时代，大数据作为数字经济时代的"金油"，已成为关系我国政治、经济、军事、社会和人文发展的重大战略资源，大数据资本的经营实力日益成为公司核心竞争能力的关键部分，关乎公司的生存与发展。

由于大数据不断产生和汇集，数据资产的价格日益提高，数据资产便成为互联网犯罪的一个主要目标。大数据和数据资产所引起的安全风险将更加复杂，更加不易防范。新型安全威胁形式需要企业管理引入全新的技术手段，数据资产安全治理的概念和方法应运而生。保证数据资产安全，即保证数据得到合理保存和合法使用，并采取必要措施确保数据安全。第一，保证数据获得有效保存，免遭恶意使用和破坏。第二，数据必须合法使用，因为不能合法使用的数据，即使受到很好的保护，也不能产生价值，还会给数据安全埋下隐患。在数据资源安全化的时代，安全和合法利用同样重要。第三，数据在收集、存储、处理、使用、交易、披露等过程中始终处于安全状态。数据治理打破了传统"安全"的概念，更加全面地覆盖了企业整个数据生命周期的安全管控要求，为根据行业实际需要的数据资产安全管控提供了强大的保障。

1. 数据安全不容忽视

由于数字平台上汇集了大量的个人数据，与第三方互动获取大数据资源也会给个人数据安全带来很大的风险，因此怎样平衡数据资产化与数据保护成为各公司关注的焦点。很多公司都引入了先进的数字技术来实现数据资产的安全管理，并在大数据梳理、数据访问控制、大数据保护、数据掩盖和分发、数据审核以及数据访问风险分析等管理流程中，通过多种手段完成大数据的安全管理。

数据安全与个人息息相关，涉及个人的身份信息安全、隐私安全等方面，因此引起了国家立法司法机关的关注。随着个人信息保护法的颁布和人们数据安全意识的逐步提高，相关法律法规逐步完善，监管力度有所加大，给数字生态系统中的企业提出了更多、更高的要求。规范性法律法规明确了公司或机构运用数据资产管理的法律规定和处理程序，例如管理人员要清楚掌握公司内部的敏感数据，以及针对公司不同类型和层级的敏感数据，采取有针对性的运行监控规定。在不同的管理部门明确职责角色的权威性，在大数据应用的各个方面都须遵循控制流程的定义与规范，技术人员须创建一个加密系统，严格保证数据资产的安全性。个人、企业和政府共同关注数据资产安全，重视数据资产安全监管已成为助力数字经济健康、持续、稳定发展的必然趋势。

数据资产化专栏 4

国家能源集团：智慧运输点亮能源运输大通道

国家能源集团全称为国家能源投资集团有限责任公司，于 2017 年 11 月 28 日正式挂牌成立，是经党中央、国务院批准，由中国国电集团公司和神华集团有限责任公司联合重组而成，是中央骨干能源企业、国有资本投资公司改革试点企业。国家能源集团在国务院授权范围内活跃于煤炭等资源性产品、煤制油、煤化工、电力、热力、港口、各类运输业、金融、国内外贸易及物流、房地产、高科技、信息咨询等行业领域，深入推进供给侧结构性改革，深化国资国企改革，践行"四个能源革命"，保障国家能源安全。

一、智慧重载运输技术体系

2020年集团开展"十四五"智慧重载运输技术体系建设规划研究，按照国家能源集团"一个目标、三型五化、七个一流"的企业总体发展战略要求，以智能运输、精准运输、高效运输为导向，以"保安、提效、降本、减人、可持续发展"为目标，以铁路、港口、航运智能运输创新为主攻方向，围绕智能运营、智能运维、智能装备等开展系统、装备发展规划研究，依照需求引领、高效适用总体思路，构建了智慧重载运输技术体系，如图2-16所示。

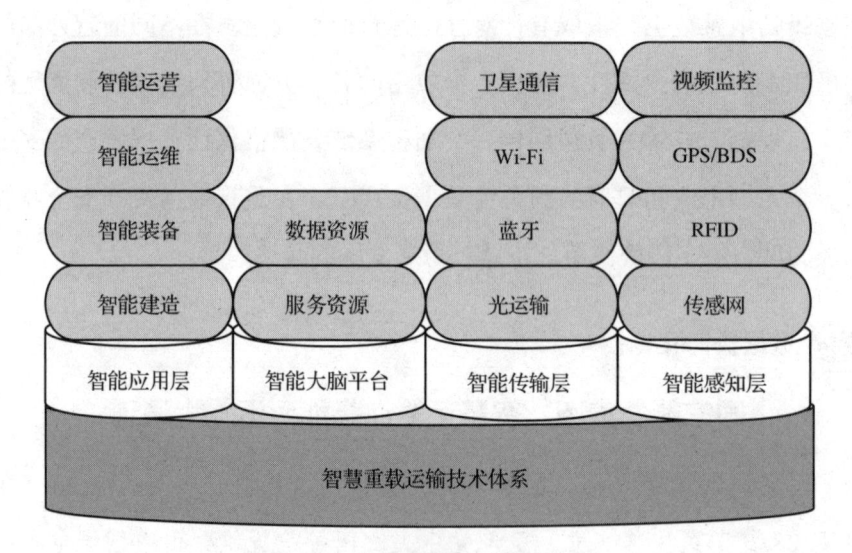

图 2-16 智慧重载运输技术体系

智慧重载运输技术体系已成为推进国家能源集团智慧运输建设的重要技术指南。在这一体系指导下，结合交通运输领域智能化发展水平和国家能源集团现状，2021年国家能源集团发布了《国家能源集团关于加快智慧运输建设的指导意见》。该指导意见明确指出，智慧运输建设要坚持数据驱动、资源共享的原则，以数据为关键要素，赋能运输及关联产业，促进专业融合和管理协同，推动管理模式创新，提升数据资产价值。统一数据标准、接口规范，构建数据治理体系，实现数据资源共享，应建立数据资产总体架构，通过盘点运输产业数据资产，部署统一的数据架构，融合移动装备、基础设施、运输组织、经营管理、外部环境等数据，服务于各类智能应用平台。

二、数据资产管理系统

在数据资产管理系统技术架构设计中，采用微服务技术，通过将功能分解到各个离散分布的服务中实现对业务功能解决方案的解耦，从而降低系统耦合性，并为上游服务提供更加灵活的调用支持。微服务技术支持将大型应用从业务上拆分为多个微小服务，单个服务可以独立开发扩展部署运行，服务之间互不影响并且可以由不同的开发小组独立负责，是一种面向业务的技术架构，从下到上依次是基础设施层（IaaS）、平台层（PaaS）和服务层（SaaS)(见图2-17)。

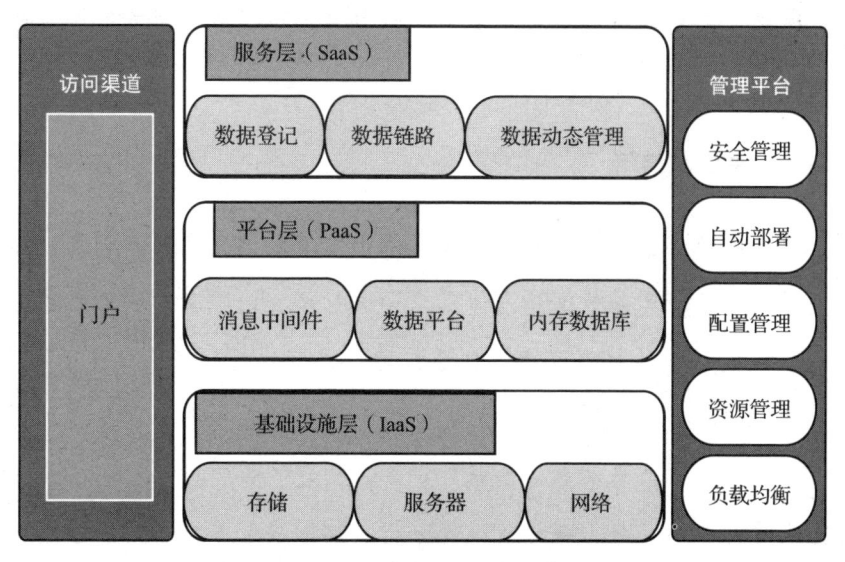

图 2-17 数据资产管理系统技术架构设计

国家能源集团运输产业数据资产管理系统是实现数据资源整合、共享交换和资源目录应用的桥梁和基础设施，是提高数据资源管理能力和信息标准化服务水平的重要技术手段。设计数据资产管理系统功能，需明确数据资产范围，盘点国家能源集团运输产业数据资产，梳理核心业务板块，对数据内容进行划分，明确基础数据和指标数据，完善数据标准化流程，着重对数据价值和共享管理进行研究，建立统一规范的数据标准与共享制度，充分发挥数据价值。系统功能架构设计重点围绕以下几个方面展开：第一，结合国家能源集团管理制度、管控流程、技术工具等形成数据标准化管理体系，实行统一的数据定义、数据分类、记录格式和转换、编码等功能数据资产标准化管理；第二，系统提供可视化数据资产相关信息的检索和应用分析功能，通过数据采集、数据应用、数据展示，向数据使用者全面展示数据地图、数据血缘关系、影响性分析、数据链路分析等服务；第三，研发人员利用数据共享技术，提供系统之间的数据共享服务，实现系统功能与业务的灵活扩展与变更，提供从数据资产治理、数据资产应用到数据资产运营全过程的解决方案。

三、总结与启示

现阶段能源企业的数据资产管理处于发展时期，受到前所未有的重视。通过对运输产业数据资产体系建设进行研究，国家能源集团完成面向智慧重载运输的数据资产管理系统建设，实现运输产业的全面覆盖，为实现全产业链的深度集成、智能协作、安全可靠以及信息系统互联互通、资源整合和信息共享提供基础保障。构建的数据资产管理体系可协助国家能源集团在数据统计、报表分析、辅助决策等方面提质增效，减少重复性数据统计工作量，提升数据利用效率，提高数据质量，使决策服务更加高效智能，为国家能源集团带来更加显著的经济效益。

（资料来源：笔者根据多方资料整理）

2. 数据资产安全管理

数据在流动的过程中不断地被使用，不断地产生新的价值或消耗其原始价值。公司要发现数据的价值，需要使数据与数据资产的所有权、运用与管理在数据获取、数据交换与共享、数据整理与处置、数据分析利用等完整服务链条和生命周期中得到清楚划分、确定与传承，是获得技术手段与制定管理制度的有力保证。数据安全治理是以安全应用为理念的一种全面的管理思想，目标是数据的安全应用，数据安全管理主要涉及如下内容。

（1）三个要求目标

数据安全保护、敏感数据管理和合规性，这三个目标，相比于过去的两个主要安全目标，即反黑客攻击和合规性，更为全面和完善。唯有合理地处理数据资产的有效利用与安全问题，公司才能在数字经济时代高速发展与壮大。其中，数据资产中的加密数据需要维护与特殊管理，因此加密数据的安全管理与应用是公司安全管理的中心主题。

（2）明确落实大数据资产安全管理的主要责任与权限

在安全管理中，首先要建立健全国家安全责任体系，并明确安全管理的重要职责。如果公司规模够大，具有相应的经营要求，还应按照要求建立专业的数据安全管理部门，保证数据安全管理项目持续开展。同时，有必要确定与数据管理有关的部门与角色（需求方、受众、支持者等），使数据管理项目可以高效地与公司业务系统集成，保证数据管理项目的有效性。

基于数据安全管理的数据资产的三个要求目标和四个重要环节如

图 2-18 所示。

```
    ┌─────┐  ┌─────┐
    │数据安│  │敏感数│  ┌─────┐
    │全保护│  │据管理│  │合规性│
    └─────┘  └─────┘  └─────┘
    ╭─────────────────────────╮
    │      三个要求目标         │
    ╰─────────────────────────╯
   ┌───┐ ┌───┐ ┌───┐ ┌───┐
   │分类│ │汇总│ │监控│ │稽核│
   └───┘ └───┘ └───┘ └───┘
   ╭─────────────────────────╮
   │      四个重要环节         │
   ╰─────────────────────────╯
   ╭─────────────────────────────╮
   │落实大数据资产安全管理的主要责任与权限│
   ╰─────────────────────────────╯
```

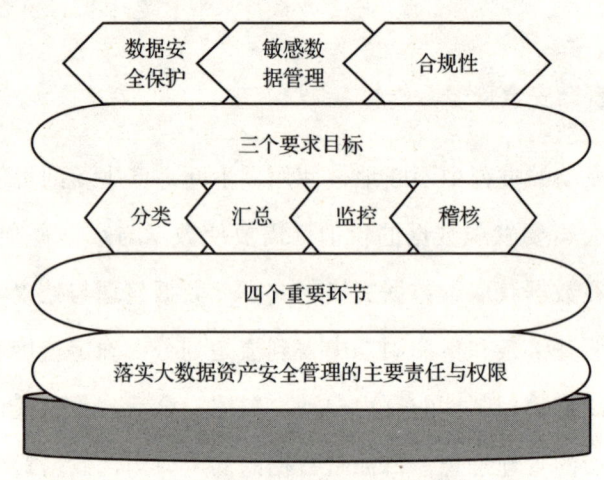

图 2-18　基于数据安全管理的数据资产的要素

（3）四个重要环节：分类、汇总、监控和稽核

数据安全管理系统的核心首先是对数据的有效掌握与分类，即把数据区分为不同的类别。在大规模数据处理应用和个性化数据管理使用过程中，我们经常遇到不同类别的数据、不同规模的数据、不同重要性程度和敏感度的数据。所以，为了实现有效数据的自由流转和应用，企业必须针对数据类型和分类级别建立不同的有效数据管理和应用规范，并针对重要性程度和敏感度建立不同的安全规范，尽可能对数据进行区分性管理和提供针对性保护，在相应的安全性保障下实现有效数据的自由流转。

分类和汇总数据后，数据安全管理的关键工作是监控和稽核对数据资源的有效利用，以掌握这些数据在整个数据系统中的位置，包括谁在访问这些数据，以及哪些人怎样访问和利用这些数据。在对数据资产进行有效整合的基础上，数据安全管理涉及数据的获取、保存、利用、分配与销毁。除数据分析以外，还必须合理记录数据的访问情况，并对采集到的日志内容进行定期的合规性研究与风险分析。

3. 数据资产全周期安全管理

随着物联网数据技术、大数据分析、人工智能等的运用越来越深入，企业对高效数据与资源共享的需求日益强烈。怎样在海量数据中有效开展数据挖掘，从而增强企业的综合实力，实现企业更高质量的发展，已成为很多企业亟待解决的问题。传统的大资料数据管理平台往往只关注一个数据表的内容，表间关联不够密切，没有对数据项的标注和说明，数据可读性不好，共享性也较差，数据品质无法提高，所以数据管理维护仍处在手工阶段，工作效率低下。近年来，形成了数据生命周期管理模式，突破了传统数据技术障碍，实现了以企业业务流程为核心的跨部门资源共享，大大提高了企业资本的管理水平与运用效益。按照整个大数据生命周期，大数据资产安全管理体系大致分为四个阶段。

（1）管理规范工作与计划

数据处理成功的关键在于元数据管理工作。首先，利用安全性元数据研究并规范整个公司的安全性管理工作，提出企业安全管理策略，确定对重点岗位、工作区域、作业标准、组织流程体系、授权管理、敏感性数据分析等的分级及相应政策。其次，计划工作是根据行业发展的实际需求，厘清数据安全管理的重点工作内容和具体实施办法，制定相应的企业数据保全规范；定期检查数据分析保全管理系统，建立数据分析保全与风险防控计划，并推动进行元数据管理。元数据管理工具的关键功能，使它能够有效监测在复杂数据集成环境中的变动，并且提供可信、安全的元数据管理。优秀的元数据管理工具已经在全球数据分析管理中发挥了核心作用。

(2) 数据资产管理

数据资产管理主要涉及数据处理、重要数据脱敏、元数据构造、权限控制管理、数据集成、数据整合管理等。现阶段，重点是在每个运作环节中有效执行安全管理规定，并且通过相应的技术手段确保安全。

(3) 数据资产流通

数据资产流通是大数据资产安全管理的难点和关键环节。要想保证数据资产安全，不仅流通过程中要"无泄露、无隐私、无超限、符合合同"，而且必须做到可追踪性，以保证如果存在大数据泄露等安全问题时能够跟踪大数据分析过程，及时发现风险点和负责人。

(4) 数据管理运维监控和评价

运维监控是为平台以及系统管理员工提供统一的数据管理安全监控的手段之一。对数据资产实施全流程的全面管控，以便评价数据安全管理执行的合法度与效率，同时定期进行数据保存、传播、应用等环节的安全审核，全面提升安全管控能力，以便及时反馈有关监控和评价的结论和意见；不断完善数据安全管理的执行流程，以便提高数据安全管理执行的可靠性；采用规范流程、警示风险等手段，全面记录分析数据管理使用者的各种操作行为。业务流程规范是在安全管理规范的指引下，根据企业不同的数据类型和数据范围、不同的工作职责、不同的数据应用情况，更加准确地落实规范企业业务流程、权利与责任以及安全技术措施。风险预警是企业利用对特定指标的合理分类和阈值的控制，以及对企业安全与风险数据的有效收集研究，提前评估在企业大数据生产应用、数据公开交易等环节中可能存在的危险情况，在重大安全隐患发生前及时预警并制订排除措施。

章末案例

博彦科技：技术引领创新驱动　市场开拓彰显成效

一、公司简介

博彦科技股份有限公司（以下简称博彦科技），创建于1995年，总部位于北京，在中国、美国、西班牙、日本、印度、新加坡、马来西亚等国家设有40余家分公司、研究基地或交付中心。博彦科技依托自身强有力的研发能力与创新能力，广泛运用基于大数据分析、人工智能和移动互联等的新兴技术，坚持严谨的产品质量管理与生产安全规范，执行严格的质量安全措施，具备完善安全的质量管理体系与研发流程，并获得CMMI3、ISO 20000、ISO 9001、ISO 27001等一系列资质认定，为房地产、高科技、金融、网络、交通运输、汽车、零售、电力、制造、电信、传媒、旅游等行业客户提供大量的解决方案和产品服务，曾荣获"全国最具影响力十大企业""国内大数据领军企业"等称号。

二、"开放"和"突破"共促新气象，博彦科技踏上新征程

博彦科技依托深厚的行业积累和全面技术实力，积累了大量优质企业客户，与众多全球500强企业和行业龙头公司保持长期稳定合作，拥有良好的市场口碑。近年来，各个国家的众多企业都在尝试新的经营模式，引进人才，抢占市场，提升企业竞争力。博彦科技深耕金融行业多年，是国内金融IT服务重要供应商之一，为客户提供长期优质的信息技术服务。目前，契合行业发展优势，落实"内生+外延"双轮驱动战略，

持续推进场景金融能力发展，为移动金融提供技术赋能。

"开放"和"突破"是公司发展的两大重要关键词，未来将以更开放的姿态在金融行业突破，不仅争取做大金融产品的收入规模，更要争取创建一个增长快、业绩高的战略性业务板块。公司会以更加开放的态度，与国际高新技术行业客户建立更进一步的上下游合作伙伴关系，在探索新的生态合作平台方面实现重大突破。公司会以更加开放的态度加强对外交流，从多种角度营造对外交流的新面貌，将管理队伍、核心骨干和公司的最大利益关联方一起融入公司的发展列车中，进而实现机制化和常态化，持续共享公司的发展红利。如图 2-19 所示。

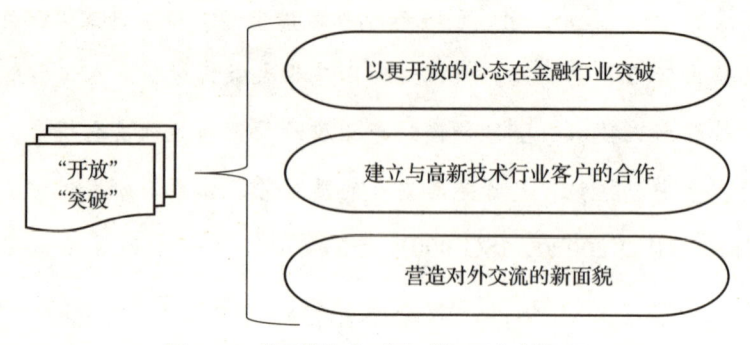

图 2-19 "开放"和"突破"开启新征程

三、战略布局金融科技，"内生＋外延"双轮驱动

2021 年 5 月，集团全资并购了渠道管理类解决方案领先企业融易通，后者在金融机构的平台搭建、数据挖掘和用户服务领域拥有独到的成功经验和完善的解决方案。

就发展策略而言，公司在金融业务上采取"内生＋外延"双轮驱动的发展模式（见图 2-20）。一方面，公司借助银行 IT 服务积累了丰富经验，内生性地形成了一系列企业 IT 解决方案与服务系统，涉及数据智能、监管合规、风险管理等传统银行业务管理类解决策略，移动银行、互联网银行等新银行业务服务渠道类解决策略、开放银行业务等数字化业务类解决策略和面向中小银行的场景化金融服务等新业务。另一方面，公司凭借充足的在手资金，采取"小步快跑"的方式沿着战略发展方向重点对外投资金融科技产品和解决方案型企业。

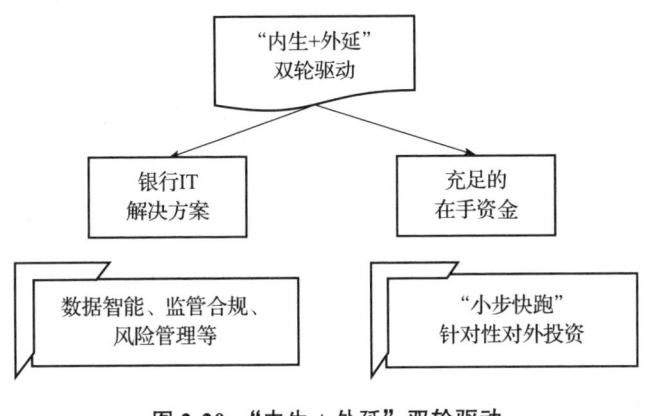

图 2-20 "内生＋外延"双轮驱动

四、应对互联网行业的需求点

随着人工智能应用的盛行，视频、图像、语音、文字等方面的识别需求逐渐增长。机器学习的前提是具备大量的基础数据库和完备的特征点标注，目前这类标注服务主要依赖于人力，这类业务价值较低，存在大量的重复性劳动，因此外包较多，同时人力在这类服务中的作用重大，短期内不会被机器取代，值得企业重视。

市场上应用软件的质量参差不齐。显然，人们想要更好的服务体验，因此对应用软件有了更高的要求。博彦科技直面挑战，针对现存的行业问题做出改变。在网络内容审核问题上，人工审核将成为企业刚需。多数应用软件的内容审查系统都是通过技术算法实现的，只能进行较为简单的内容甄别，因此有"漏杀"的可能性。究其原因就是网络上众多自动化审核平台自称能提供审核服务，但因软件存在信息审核漏洞、盲区造成审核错漏。因此人工审核需求相对刚性，且目前无法被算法替代。未来人工审核亦将成为更多行业的刚需。博彦科技坚持人工审核，努力提高产品质量。

五、总结与启示

博彦科技通过数据化、信息化、智能化等技术手段，以智慧数字运营平台的形式将丰富的数据信息呈现在公司管理者和运营者面前，使运营系统内各类设备可视可控，数据互联互通，提高管理者的决策效率。

第一，经过近些年的企业发展积累，博彦科技已经占有较大的市场份额，积累了大量优质客户。今后，博彦科技将以"开放"和"突破"为抓手，在原有经营模式上探索新模式，引进人才，抢占市场，开启企业新征程。

第二，持续优化业务结构，提升整体营收和净利润，实现持续稳健增长。受新冠肺炎疫情影响，近两年部分企业面临着破产倒闭的风险，为应对全球经济下行，博彦科技依托国家政策支持，采用"内生+外延"的双轮驱动发展模式，加上丰富的IT服务项目经验，能够为银行提供专门的IT解决方案。

如今，网络市场存在各种各样的软件，人们可选择的种类丰富，因此人们对应用软件的要求更高，激励企业提高软件性能。其中，人工审核具有十分重要的作用，并且短期内不会被智能自动化平台取代。博彦科技将继续提升审核人员的职业素养，打造更好的应用软件。

（资料来源：笔者根据多方资料整理）

第三章

供应链金融

开篇小语

随着社会化生产模式的实施，全球市场竞争开始由单个客户间的竞争，转化为供应链之间的竞争。同一供应链上的企业相互依存，"一荣俱荣，一损俱损"。同时，由于传统赊销已经成为主要的交易方式，如果供应链中的上游供应商无法通过传统的赊销方式从商业银行获取支持，资金短缺将直接造成后续环节停顿乃至"断链"。维持上游供应商的生存、提升供应商资本运营的效率、减少供应商的总体管理成本，已变成各界积极探索的重点。因此，一系列"供应链融资"的金融服务产品便应运而生。

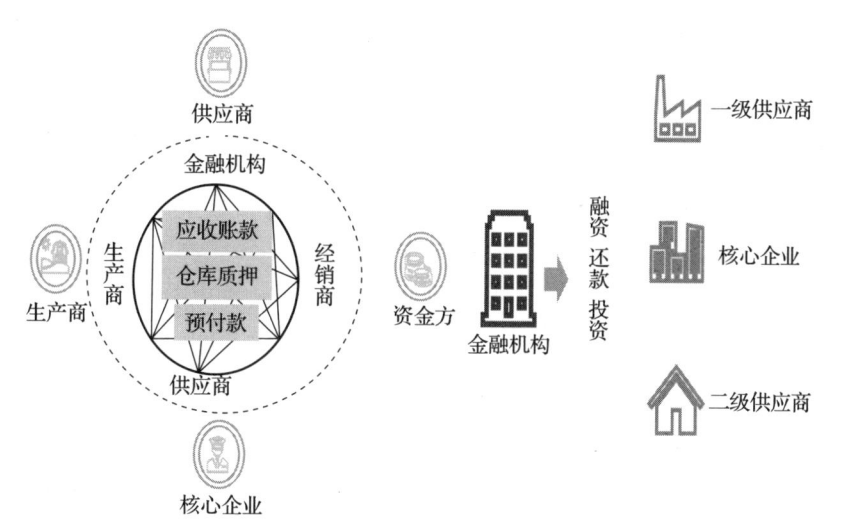

"供应链行业以前拼的是市场嗅觉、资金规模等单点因素，未来更重要的核心竞争力将是构建商流、物流、信息流、资金流'四流合一'的供应链综合服务能力。商流和物流类似骨骼和肌肉，信息流和资金流类似神经和血液，通过'四流合一'产生综合价值，供应链服务可以为上下游创造多赢的综合效益。"

——厦门象屿集团董事长　张水利

> **开章案例**

叮咚买菜：用户信赖的民生互联网企业

2021年5月17日，首个上海在线新经济"年度人物"评选结果揭晓。叮咚买菜创始人兼首席执行官梁昌霖作为引领生鲜电商行业数字化转型的企业家代表，被授予2020上海在线新经济十大"年度人物"的称号。互联网数字化是生鲜电商的重要基础设施，也是叮咚买菜一直关心的重要议题。目前，叮咚买菜正不断增加对智慧生鲜供应商信息系统自主开发的投资，促进传统生鲜供应商互联网数字化转型，进而赋能供应链农业。目前，上海市正全面推进城市互联网数字化转型，以提高信息基础设施的能源管理水平和城市基础设施的数字化管理水平，叮咚买菜也将借此机会发挥其数字化资源优势，进一步促进中国传统农业产业的数字化与智能化发展。

一、公司简介

叮咚买菜是自营生鲜食品并提供配送服务的独立平台，是中国新兴的生鲜商品零售业的典范，专注于新行业概念——先发制人的筒仓、全新的经营方式给消费者带来了最便利的服务，提供"0元起价，29分钟送货上门"的特色服务。叮咚买菜将通过改变农业产品的生产和消费模式，将数字化和智能化融于农业产品，加快"网络与农村"的深入融合发展。在供应链方面，该企业始终坚持对各种生鲜样品进行100%检验。对叮咚买菜订单数量的调查显示，目前活跃的APP用户已超过150万，平均日订单数量超过20万单，用户新鲜度行业领先。

二、供应链提升企业效率

叮咚买菜将快捷准时的物流配送与价格合理、种类丰富、品质优良的商品融为一体，同时，利用社区前置仓的优势，为消费者提供更好的服务，从而满足城市社区居民的购物需求。公司还革新产品组合，提供"生鲜＋调味品"搭配，为使用者提供便利，培养使用者良好习惯，增加使用者黏性。叮咚买菜使用专门的冷链生鲜机械设备，将活鱼虾放入"氧气箱"物流，以保证生鲜质量，并建立快捷有效的网上生鲜农产品交易市场。

叮咚买菜高效率供应链如图 3-1 所示。

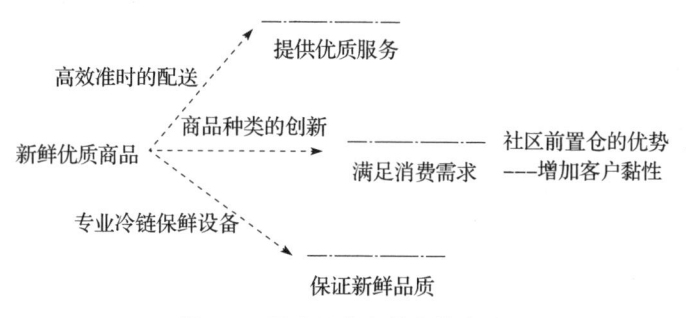

图 3-1　叮咚买菜高效率供应链

作为生鲜电子商务网络平台，叮咚买菜致力于让消费者吃到"安心菜"，严格控制生鲜品质，并通过 7∶1 的品质管理过程，对采购源头、生产过程、前置仓选择、包装加工等环节，进行全面、深层次的品质管理。并且，叮咚买菜独有的"智慧冷链物流仓库资源管理信息系统"可以协助物流配送方减少商品损耗，完善供应链，节省大量生产成本。

三、价值链带动企业效益

对生鲜电商企业而言，在测算整个生产成本时，应该重视整个价值链流程，以保证商品供应的稳定性。同时，要实时了解市场动态，适时调整相关战略，以满足市场需求，达到经济效益最优化。

价值链带动企业效益的过程如图3-2所示。

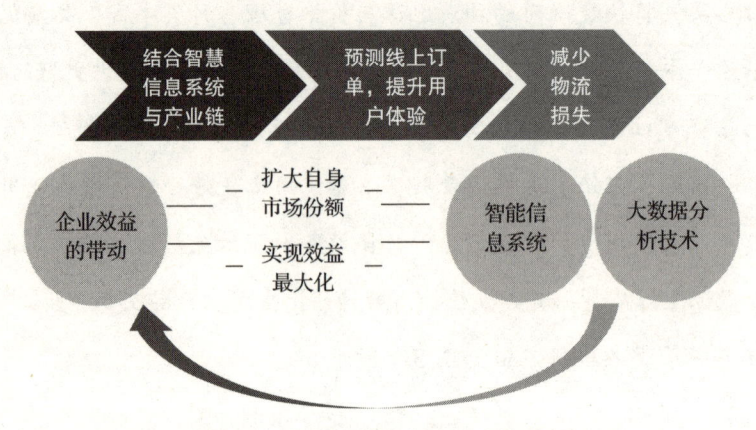

图3-2　价值链带动企业效益的过程

叮咚买菜将智慧信息系统和产业链相结合，利用大数据挖掘算法而形成智慧推荐、客户画像、路径优选等技术手段，对每个订单进行在线预测，以持续改善使用体验。内部的分析研究表明，大数据分析技术已经实现了将其每日滞销和物流损失降低至3%以下。在促进消费者个人消费的同时，要降低经营成本，塑造良好的公司形象，以留住更多的顾客，增加市场占有率。

四、供应链与价值链联动作用

叮咚买菜准确评估其业务在刚性强、需求频次高的生鲜农产品交易市场中的位置，采用"前置仓＋中央仓"的管理模式，填补当前生鲜电子商务行业存在的空白。这种管理模式有助于企业深入社区、提高分销效率、获得用户的支持。"城市批量采购、品牌厂商直供"的供应链模式，使叮咚买菜的商品供应更加稳定有效。质量卓越的商品不仅方便了用户的生活，还获取了广大用户的信赖。这种注重服务质量和分销效率的方式，为竞争对手设置了难以逾越的壁垒，帮助企业实现利益的最大化。

在供应商方面，叮咚买菜不仅关注采集方面的"输血"扶持，还关注"造血"扶持。叮咚买菜采取了农户直销模式，让供应商能够依据市场状况适时调整产品计划，不但便于农户规避市场风险，降低经济损失，还能够减少营销成本，增加农户收益。公司也真正地从根源上改善了传统农业供应链管理绩效，并通过连接传统生鲜配送产业链的中间业务环节，完成了产品价值的再分配。"叮咚农业生态系统"的建设，实现了农产品产业链的集聚，促进了中国农业科技产业的市场化、智能化和数字化升级。

供应链与价值链联动如图3-3所示。

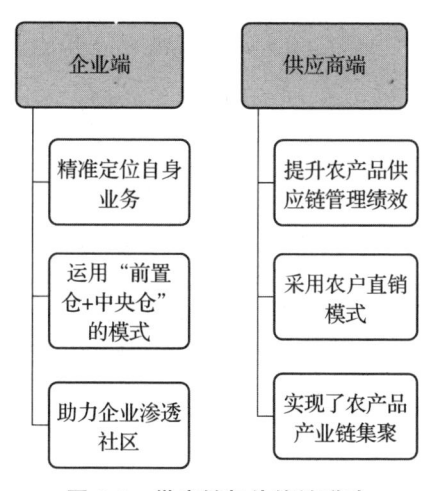

图3-3 供应链与价值链联动

五、结论与启示

叮咚买菜的新零售电子商务模式得到了有效发展。

第一，打造智能化平台。电子商务企业要想从激烈的竞争中脱颖而出，必须充分地运用计算机技术。大数据分析技术能够准确预知用户需求，为客户画像提出智慧意见，从而优化每个预定地点的物流路径以及预配地点的产品种类与数量，而人工智能技术有助于监控产品操作过程，能在一定程度上充当企业与消费者之间的纽带。

第二，全面重视客户需求。由于生鲜产品保质期短，因此生鲜供应平台了解客户需求是尤为重要的。特别是在新冠肺炎疫情下，生鲜供应商取得成功的关键在于准确把握客户需求。叮咚买菜紧跟时事，顺应时代浪潮，准确把握需求导向。

第三，坚持数字化创新。商业模式极易被竞争者模仿，而技术创新、智能化、数字化改革才是企业在激烈竞争中立于不败之地的真正基石。

（资料来源：笔者根据多方资料整理）

一、认知供应链金融

供应链金融以核心企业及相关的上下游企业为总体，以服务核心企业为基础，以实际交易为前提，通过自我补偿贸易资金的方法，向核心企业及其上下游企业提供综合性金融产品与服务，并通过应收账款质押、财产权质贷等方式封闭资金流，控制物权。简言之，供应链金融就是把资金作为供应链的溶剂，增加其流动性。

1. 供应链金融发展历程

2008国际金融危机爆发后，全球已经有上百万家公司宣告破产，破产原因不仅仅是缺乏市场竞争力、缺乏技术创新，或是资金链断裂导致整个供应链中企业集体破产。供应链金融从出现开始便是缓解企业资金流梗阻和优化现金流的希望。供应链金融必须面向企业的整体运营。货物是企业资金流得以依靠的物质媒介，所以，供应链金融服务中的存货质押融通服务一直是传统供应链金融服务的核心环节，如果没有库存的流通，应付账款和预付账款等传统供应链融资模式就毫无意义。因此，企业中的物流配送是供应链金融服务赖以发展的基石。

（1）国外供应链金融的发展

欧美等西方国家的企业金融服务基本上和其他金融服务同步发展，历经200余年的探索与发展才产生了现代供应链金融服务的萌芽。西方供应链金融的演变一般可分为三个时期，详见表3-1。

表3-1 西方供应链金融发展阶段

阶段	时间	业务特点
阶段一	19世纪中期之前	供应链金融的业务非常单一，主要是针对存货质押的贷款业务
阶段二	19世纪中期至20世纪70年代	供应链金融的业务丰富起来，承购应收账款等保理业务开始出现
阶段三	20世纪80年代至今	供应链金融的业务开始繁荣，出现了预付款融资、结算和保险等融资产品

（2）我国供应链金融的发展

我国供应链金融的蓬勃发展有赖于改革开放后制造业的高速成长。全球制造业中心引发了更多的全球产业分工，在我国形成了大量跨国企业供应链的汇集点，由此我国供应链金融服务得以迅速成长，从无到有，由单纯到复杂。除此之外，我国供应链金融服务的迅速发展还归功于20世纪80年代后期以来物流业的高速发展。自2000年以来我国物流产业经历了大规模合并，网络效应与规模效应开始在部分主要的物流公司中表现出来，而这些公司又在多方面完善了供应链与物流业务。2004中国物流创新大会推出了物流行业的四大创新领域和十大创新模式，"物流与资金流整合中的商机"名列创新领域之首，而"库存商品抵押融资运作模式""物资银行运作""融通仓运作模式及其系列关键技术创新"位列创新模式的前四。

2005年，深圳发展银行与物流企业巨头——中国外贸物流配送总公司、国家物资仓储总公司和中国远洋物流公司，签订了"总对总"（即深圳发展银行总行对物流公司总店）的战略合作伙伴协议，已有上百家企业在此次战略合作中获得资金便利。

总的来说，现阶段中国供应链金融服务发展趋势主要呈现以下特征。

第一，发展供应链金融服务的地区不均衡。在外向型经济发展较为突出的沿海地区，供应链金融服务发展相对超前，内陆地区供应链金融服务发展相对滞后。

第二，供应链金融服务的一些立法问题亟待解决，库存商品和流动负债质押等方面存在法律真空。国内对供应链金融服务的行业称谓未统一，有物流运输商业银行、物料商业银行、仓单质押、库存货物融资、融通仓、货权贷款以及货权质押授信等称谓。

2. 破局传统供应链金融弊端

数字经济的快速发展可以实现供应链管理的数字化和智能化，为供应链金融的发展提供创新动力，有效降低交易成本，拓宽服务范围，有助于供应链金融模式的创新，促进供应链业务的发展。

（1）解决传统供应链金融信息不对称问题

传统供应链金融，其主体架构包括上游供货商、下游分销商、银行、核心企业和物流企业等，以商业银行为核心，对下游中小企业进行物流管理和融资。但是，中小企业和银行之间存在各种信息不对称的现象，商业银行需要进一步强化对中小企业贷后风险的监管，避免企业损失给商业银行带来严重损失。为降低企业信贷损失，商业银行进一步对中小企业进行抵押融资或担保，重点是土地和房产，通过估价抵押物的市场价格评定借款人的信誉。

数字经济时代的到来，极大程度地缓解了中国传统投资银行和中小企业之间信息不对称问题。商业银行已经掌握了大量的用户信息和交易资料，面对着广大的用户群体，通过构建信用评估模型，运用大数据技术科学分析和发掘海量数据，分析总结顾客群体的经济行为特点和消费行为习惯，精准定位顾客类型，优选经营方法。数字经济时代所营造的智能环境使得商业银行可以利用风险建模技术更加精确地预测市场活动的有效性，为科学决策提供数据支撑。

（2）促进物流企业精准存货管理

物流公司中的信息涉及银行的仓库数据，高效的仓储控制成为银行和物流协作的关键环节。在中国的企业金融服务中，商业银行不但要求物流企业能有效控制仓储，而且要求物流企业即时了解公司的动态数据。在实际操作中，物流公司掌握的数据少，存在数据不对称的问题，而数字经济为解决这一问题提供了便利。

（3）推动银行与物流企业深度合作

随着大数据在供应链金融中的广泛应用和大数据技术的不断创新，物流企业的货物监管更加精益，动态把握更加准确。它不仅稳定了库存的价值，而且从各个方面掌握了更多关于客户的信息。银行需要加强与物流企业的合作，获取信息，拓展业务范围，从而提升自身的核心竞争力。

3. 关注数字化供应链金融

传统的金融风险管理方式粗放，缺少高效率低成本的从源头有效把控风险的方法。当下，尽管供应链管理服务商、物流服务商等的介入依然不足以将风险降到可以让金融资源进入实体经济的程度，但是发展数字化供应链金融可以解决这些问题。数字化供应链金融拥有新的技术、新的思维和全新的模式，是新一代信息和数字技术综合应用的体现：在实施层面，物联网在数字供应链中收集或共享数据，以确保业务的真实性和可控性；在存证层面，区块链保障数据存储的安全性、可信任性、可追踪性、自动执行性以及激励各方；在决策层面，"大数据+AI"确保潜藏风险与需求的挖掘。同时，数字化供应链金融有着新的风控思维：管理对象从人到物，管理的是过程而不是结果，风控更加精细化，最终实现基于可靠过程数据的智能决策、对可靠规则的智能执行。数字化供应链金融的新模式、新生态体现在：企业协作与交易的边界扩展，跨链、跨生态交融，共生多赢，形成新的商业模式与商业共生体。

数字化供应链金融的特点如下所述。

（1）生态主体多元

产业链主要涵盖金融、供应商信息系统，管理服务商、物流仓储供应商、SaaS化的金融技术与赋能平台、数字化信息系统/工具类的基础供应商、电子票据咨询服务商、行业龙头等。

（2）行业领域多样

业务领域涉及钢铁、家电、磨具、快速消费品、畜牧和农产品、电子元件、大宗产品、制药和医用设备、交通运输、基建和房地产工程、塑化胶业、票据、燃料与发电、航空航天、粮食、石油化工、乳业、酒类等。

（3）多层次赋能

数字化供应链金融实施不仅需要企业在供应链协调方面倾注大量资金，而且需要企业在产品设计、制造、销售和客户服务等环节都开展数字化转型。

供应链金融专栏 1

飞力达：供应链管理专家

2021年11月24日，飞力达股份受邀参加华勤技术南昌第二制造中心开园暨2022全球核心供应商大会。会上华勤技术为飞力达股份颁发了"最佳协同奖"。飞力达股份目前在南昌、东莞、重庆、昆山等地为华勤技术提供整体物流解决方案及运营。南昌飞力达于2020年3月营业，仓储面积近三万平方米，可同时满足客户保税和非保税的业务需求，主要为华勤南昌工厂及其笔电品牌商和核心零部件供应商提供从原材料VMI仓到成品物流等的一体化供应链服务。此次获奖，是华勤技术对在业务发展过程中给予其全力支持的供应商伙伴的认可，是对飞力达股份在供应链服务领域专业能力的认可，飞力达股份将持续精耕数据科技驱动的智造供应链领域，帮助客户提升供应链效率。

一、由基础物流服务提供商转变为供应链一体化服务商

飞力达股份成立之初借由货运代理、进出口通关等基础服务切入市场，根据IT制造企业的要求执行单项简单的物流操作，企业定位是传统物流服务提供商。近年来，随着以小批量、高频次、个性化、柔性化、智能生产为特点的新制造趋势的兴起，企业希望物流公司能对自己不断变化的需求做出更加快速灵活的响应，并能以专业公司的身份为其物流体系提出一揽子解决问题的方案。飞力达股份挖掘客户个性化需求，把握客户具体物流服务需求的重要因素，在定位时，充分考虑宏观环境、行业特性、制造商关注点等因素的影响力，制定差异化战略，将供应链管理能力作为其未来的核心竞争力，以设计并提供一体化供应链管理解决方案的方式协调供应链各个环节，形成供应链生态圈。飞力达供应链

管理服务生态圈如图 3-4 所示。

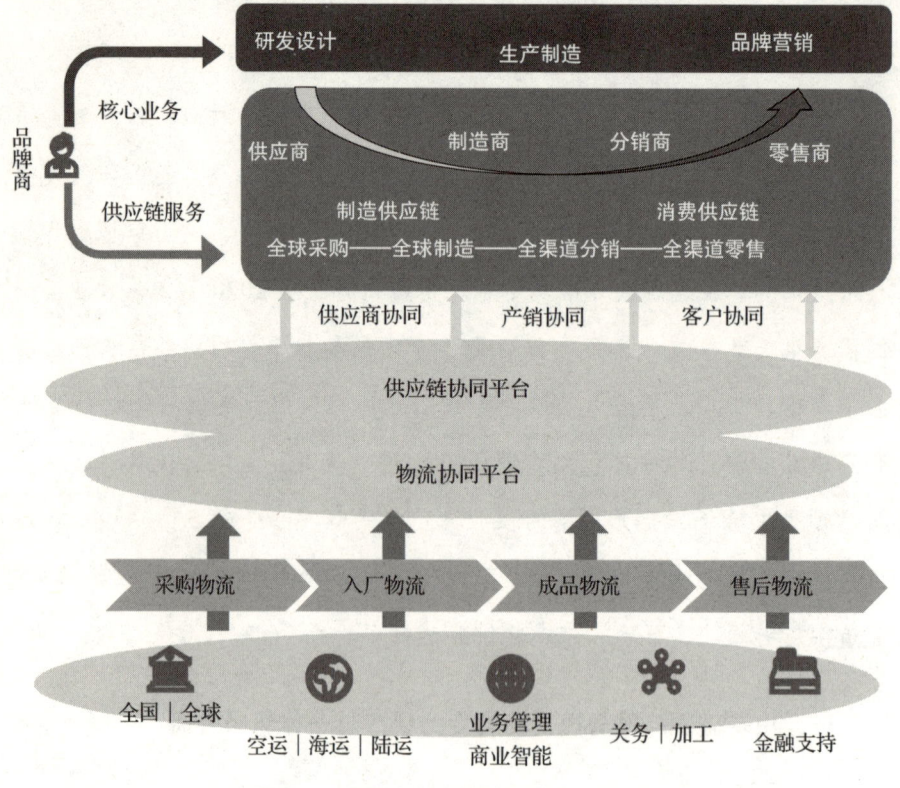

图 3-4 飞力达供应链管理服务生态圈

二、金融赋能制造供应链

飞力达股份通过采购执行，为客户提供采购计划、订单管理、库存管理、运输配送、仓储管理、融资结算等一系列采购环节所需的各种服务。分销执行为客户提供分销计划、订单管理、库存管理、运输配送、仓储管理、资金垫付及结算、信息管理等一系列分销环节所需的各种服务。在拓宽融资途径、解决自有资金不足方面，减少供应商资金占用，改善现金流状况，同时减少库存占用，加快资金周转，扩大产能和规模，提升接单能力，稳定销售渠道，降低供应成本，提升回款速度，提高销售能力。飞力达股份深耕于生产型供应链，大力发展消费型供应链，致力于实现生产型和消费型供应链的全链条贯通，为供应链中的关联企业提供全方位的金融服务。飞力达股份金融赋能供应链如图3-5所示。

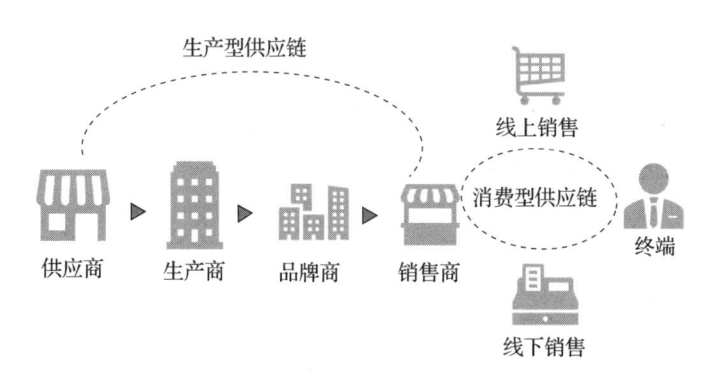

图 3-5　飞力达股份金融赋能供应链

三、总结与启示

飞力达股份作为专业的制造业供应链管理服务提供商，逐渐从各大行业的幕后走向前台。从产业分工的视角，品牌商和制造商一般专注于产品设计、制造及市场营销等核心业务，并基于发展策略，不同程度地外包供应链活动，以实现面向终端用户的产品交付以及成本、效率、服务的最优化。制造业供应链管理服务，是围绕核心企业的供应链，基于计划实现上下游协同，并通过业务层面的资源整合、运营与管理，保障各环节活动的有序开展。飞力达股份由单一的实体物流服务模式转向实体综合物流服务模式，基于智能化供应链解决方案设计"两条腿走路"的模式，将企业定位为一体化供应链管理服务提供商，致力于成为"中国智造生产供应链管理专家"。

（资料来源：笔者根据多方资料整理）

二、供应链金融的数字化模式

中国供应链金融服务未来的发展空间很大,但目前尚处在发展起步期。

1. 供应链金融的发展困境

目前,我国供应链金融经过二十多年的蓬勃发展,已取得一定的进展,获得各界认可。然而随着时代的进步和经济的发展,供应链金融也已来到发展的十字路口,步入瓶颈阶段。传统供应链融资所面临的问题日益凸显。第一,在传统供应链融资制度下,商业银行居于绝对的主导地位,主要围绕核心企业对下游中小企业开展贸易融资的工作,但由于技术力量比较薄弱,商业银行无法即时掌握全面的企业信息,再加上运营过程比较长,因此评估结果通常滞后,无法满足中小企业自身利益的需要,供应利益合作关系也无法确立。第二,由于传统供应链金融机构的管理不完善,对机构信息的了解存在一定局限性,商业银行往往无法完全掌握企业的生产经营情况与交易状况,对企业的评估往往依据企业提供的财务报告和抵押物信息,会对企业的信用状况产生误判。

总而言之,传统供应链金融系统无法对上下游中小企业进行有效管理,也存在对上下游中小企业接入不深、服务效率不足等问题。

2. 模式一:"数字化供应链 + 金融"

"数字化供应链 + 金融"与传统供应链服务有所不同,是商业银行基于产业特征,围绕供应链的核心业务,并根据实际交易过程向核心企业以及其下游关联企业提供的综合金融服务。其以核心业务为基础，建立了"1+N"或"M+1+N"的金融模型，并围绕交易，通过集成物流、信息流和资金流，按照行业特征，跨行业提供服务。"M+1+N"金融服务模式如图3-6所示。

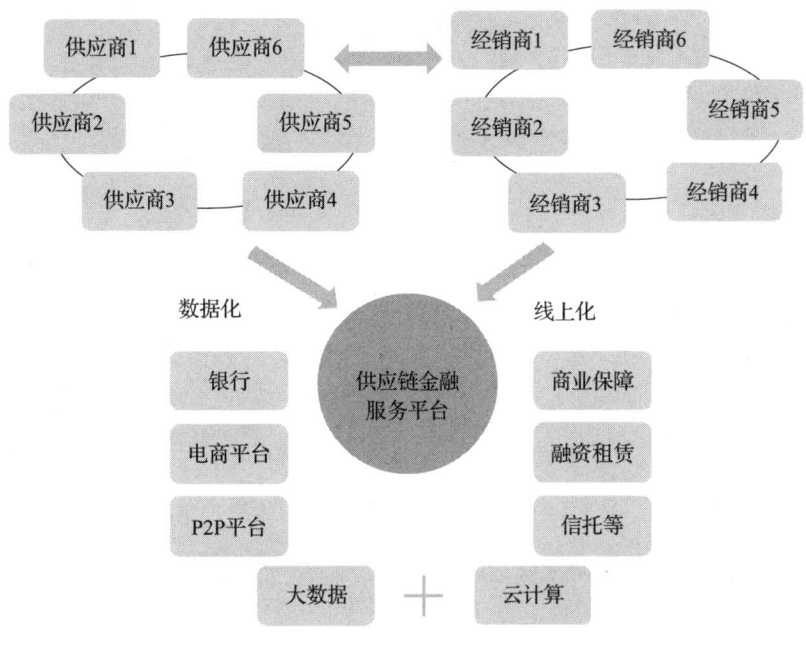

图 3-6 "M+1+N"金融服务模式

3. 模式二："供应链+数字化金融"

深圳发展银行率先提出"1+N"的供应链金融服务模型。该体系为中国供应链金融服务的蓬勃发展打下了扎实的基础。由此，供应链金融机构由提供单一的服务功能逐渐朝着多元化的综合金融服务体系演变。大数据时代，供应链金融这个已经在国内成长了二十多年的领域，正发生着"老树开新花"的变化。传统供应链"1+N"业务模式如图3-7所示。

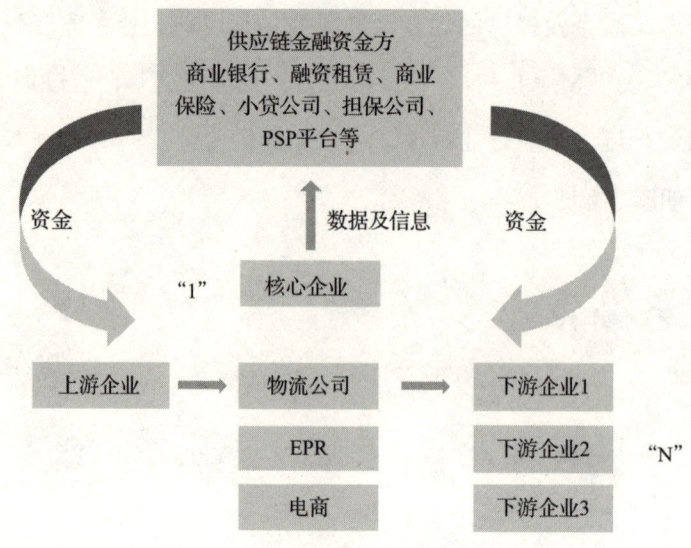

图 3-7 传统供应链"1＋N"业务模式

简言之,供应链金融服务主要是围绕核心企业,凭借核心企业优良的信用情况,通过实际贸易活动,为节点公司提供的以商品销售回款为自偿的投资服务。当前,企业融资主要包括应收账款融资、预付账款融资、存货融资以及信贷投资。

供应链金融专栏 2

怡亚通:最具竞争力的整合供应链综合运营服务商

深圳市怡亚通供应链股份有限公司(以下简称怡亚通),1997 年成立于深圳,2007 年在深交所上市。从成立到现在,怡亚通旗下共有 300 余家分支机构,与国内外多家企业保持亲密合作关系。其业务范围广,涉足快消、IT、服装、安防、通信、化工、家电等诸多领域。怡亚通以提供供应链物流服务为基础,不断升级服务模式,适应市场需求,推出多样化的服务产品,不断完善产业生态圈,其主要从事的业务可以分为两大板块,即广度综合事业群和 380 新流通事业群。

一、怡亚通零售解决方案

怡亚通为行业头部智能零售设备生产商提供产业供应链配套及市场赋能，通过布局智能零售终端系统，高效连接消费者并提供更便利更快捷的零售服务，囊括生活社区、办公、出行、娱乐、购物等场景，形成全场景营销布局、全场景用户互动体验、全场景数据引流，为品牌商、零售商、消费者赋能，创造全新价值影响力。

怡亚通为地方零售企业提供专业供应链配套，赋能地方零售产业升级。

怡亚通整合地方零售行业资源，形成规模化、系统化、品牌化运营管理，助力地方零售产业发展，通过智能化、数字化、物联网化，打造中国最具价值的"智能供应链——零售一体"平台。

怡亚通智能供应链平台如图3-8所示。

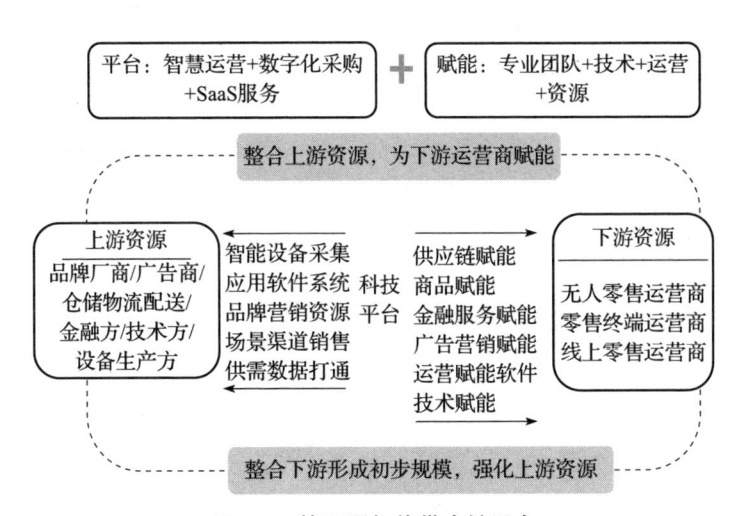

图3-8 怡亚通智能供应链平台

2020年，怡亚通不断升级调整，完成对380新流通平台的重整。自2019年年末，通过回收盈利较低的项目、减少对不盈利企业的投资来回笼资金，改变以往传统分销模式。怡亚通还与外资企业研发新项目，为怡亚通的发展增加有力支持。

二、产业供应链创造转型升级新动能

中国改革开放多年，布局全球的产业链数量和规模是其他国家所不能比拟的。但由于地理位置和资源分配等问题，我国产业链的整体布局不够均衡，如不发达的中西部地区产业链较为老化，亟待通过转型来提高市场竞争力。这对全局经济建设和当地经济发展都会产生一定的抑制作用。针对这种情况，国家在积极调整并出台供应链的相关管控政策，升级改造供应链，补上产业链中的短板，促进产业链和供应链的深度融合，加大传统产业升级转型的力度。供应链1.0是依照客户的实际需求而提供特定服务，但是客户的体量较小，过程较为复杂，公司经营成本较高。随着业务发展，怡亚通进入供应链2.0阶段。一站式的服务平台，不仅依据客户的需求提供服务，还能通过品牌运营等措施，引领客户需求和创造需求，孵化多家优秀公司，创造出企业的自我价值。产业分散和碎片化对于资源整合来说是很大的阻碍，但怡亚通通过大数据，利用平台将多家分散的中小企业整合起来，实现平台内部消息公开共享，不仅能满足多方的交易需求，而且能推动我国产业发展。

怡亚通供应链转型升级如图3-9所示。

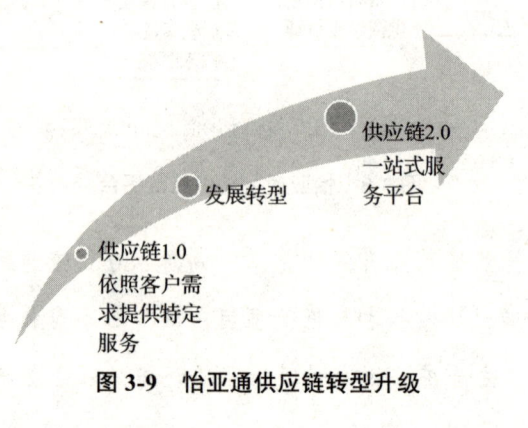

图3-9 怡亚通供应链转型升级

三、总结与启示

怡亚通在发展过程中进行了三次影响深远的战略转型，完成了从行业个性化服务到平台型服务，再到平台生态型服务的完美升级。首先，以提供供应链物流服务为基础，不断升级服务模式以适应市场需求；其次，怡亚通的企业文化和发展前景与当前的大数据技术紧密联系，对于供应链金融发展有很好的启示作用；最后，怡亚通作为龙头企业，在发展过程中所遇到的问题和所取得的成功的实践经验都能给类似企业提供很好的借鉴，对于我国供应链金融的发展起到一定的促进作用。

（资料来源：笔者根据多方资料整理）

三、数字供应链与价值链的融合

供应链与价值链的关系如 DNA 双螺旋一样紧密。价值链和供应链是很难分离的，因为它们的主要功能重合，都需要资源搬运和储存。但是，对供应商而言，有些功能是不需要的，比如打包或分销商品。与绝对以顾客需求为导向的供应链相反，价值链能够让公司获取最大的收益。

1. DNA 双螺旋结构

价值链从公司价值与收益的视角切入，整个价值链由不同的价值主体组成，把公司开发设计、产品制造、物流配送、市场营销、技术服务等价值创造活动连接在一起。公司内各部分之间的关系形成了公司价值链，上中下游各企业之间的关系构成了行业价值链。因此，公司管理工作应从公司市场资源配备与流程管理着手。

价值链与供应链并不是彼此独立的,而是相辅相成、相互影响的,两者形成了 DNA 网络,并连接在供应与需要之间。商品和劳务的价格沿着供应链持续累积,进而构成价值链。价值链和供应链之间的关系如图 3-10 所示。

价值链	价值a	价值a+b	价值a+b+c	价值a+b+c+d	价值a+b+c+d+e
供应链	原料供应商	零部件供应商	制造商	分销商	终端客户

图 3-10 价值链和供应链之间的关系

从原材料进入,到原材料经过制造过程成为有价值的产品或服务,再到产品被销售给消费者,每个流程中所包含的增值活动都是整个价值链的一部分。供应链上的原材料、信息和资源等因素,体现了各类资源在整个价值链和生产线上的动态流转过程。目前,鲜有一个公司能完全掌握某一产业中从开发产品到最后出售产品给最终用户整个流程中的价值形成能力,往往要求各行业实现专业化分工。所以,企业要掌握价值的形成流程,不仅需要了解公司的整个价值链活动,还要综合考虑整个产业链中的价值链活动,因此供应链与价值链紧密结合,形成相互依存的 DNA 双螺旋结构。

供应链管理是把产品或服务供应到终端用户,上中下游厂商共同构建的一个包括制造和营销的管理流程。而价值链和供应链都是在全球市场竞争和终端用户需要的推动下建立的,随着市场竞争的加剧和终端用户需要的改变,二者都将得到进一步的发展。

供应链金融专栏 3

汉得——"融"会贯通,"合"成未来

2019 年,由新浪财经主办的中国"科"公司峰会在北京千禧大酒店举行,会上公布了中国上市公司科技创新百强榜名单。汉得信息获"中国上市公司科技创新百强企业'小巨人'"荣誉。汉得供应链金融主营保理融资及第三方融资平台服务业务。母公司汉得信息在 2020 年的 ERP 资讯服务中,帮助企业通过 ERP 信息化管理系统的实施,实现管理流程化、数据智能化、人力资源效率化,积累了大量具有数据沉淀的优质客户,为上下游企业提供融资服务及其他相关金融服务。

一、运输管理系统——实现高效低耗物流

汉得运输管理软件为货主提供端到端的业务管理与跟踪,保障货物全程可控可视地安全送达,帮助企业高效管好承运商,实现供应链全链条的整体优化管理和供应链执行一体化能力建设。运输管理系统解决订单接收、发运计划、供应链库存、在途跟踪、订单签收、运费结算等环节问题。目前,汉得 HTMS 已覆盖上百种细分业务场景,支持陆、海、空等运输模式,实现多式联运、多地拼单提货、沿途多地卸货、IoT 数据集成监控等管理,系统提供完备的功能支持,帮助企业实现增效降本的目标。针对行业出现的运输方案变更频繁、临时招标多等现象,汉得有针对性地提出解决方案。汉得物流运输特征如图 3-11 所示。

为了进一步帮助企业优化运输线路安排,汉得构筑了支持复杂运输的自动调度排单平台,通过支持地图调度的工作台,汉得可以轻松安排多段运输任务,运单路线更加直观可视,简化系统操作,帮助企业降低

运输成本。同时，借助丰富的业务原子层函数和支持页面配置与流程配置的流程引擎，形成了多行业物流解决方案，包括国际物流方案、大宗行业方案、疫苗冷链行业方案等，帮助企业快速部署数字化项目。

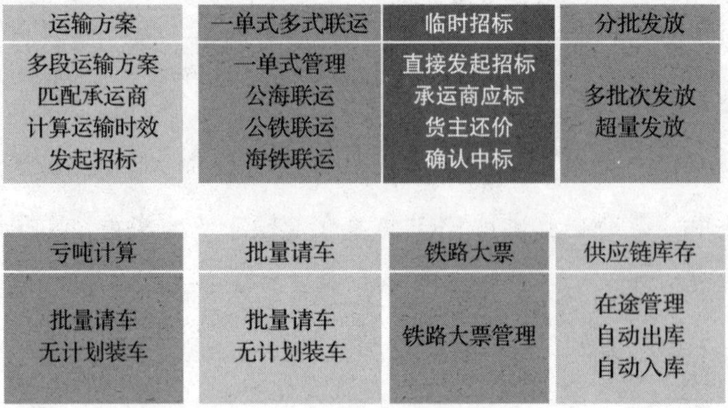

运输方案	一单式多式联运	临时招标	分批发放
多段运输方案 匹配承运商 计算运输时效 发起招标	一单式管理 公海联运 公铁联运 海铁联运	直接发起招标 承运商应标 货主还价 确认中标	多批次发放 超量发放
亏吨计算	批量请车	铁路大票	供应链库存
批量请车 无计划装车	批量请车 无计划装车	铁路大票管理	在途管理 自动出库 自动入库

图 3-11　汉得物流运输特征

二、供应链金融平台——打造共赢生态圈

互联网时代的海量信息为供应链金融的实现提供了更快捷、更安全的运作模式。二十余年来在企业高端 ERP 实施领域的精耕细作，使汉得既对中国各行业的管理信息化需求有着全面的理解，也对中国产融环境有着独到深刻的认识。在这些积累的强大支撑下，汉得组织各个行业、领域的专家顾问团队，搭建基于 SOA 的架构，与企业 SRM 系统、ERP 系统等进行集成，构建存储并分析、计算大数据的金融云平台，实现基于云计算的注册准入、授信计算、风险控制，并完成从贷款申请到结算的闭环流程。汉得供应链金融平台以采购交易信息为依据，快速自动完成授信评估、快速放款，为供应商提供无门槛、低成本的资金。汉得供应链金融云平台结构如图 3-12 所示。

图 3-12　汉得供应链金融云平台结构

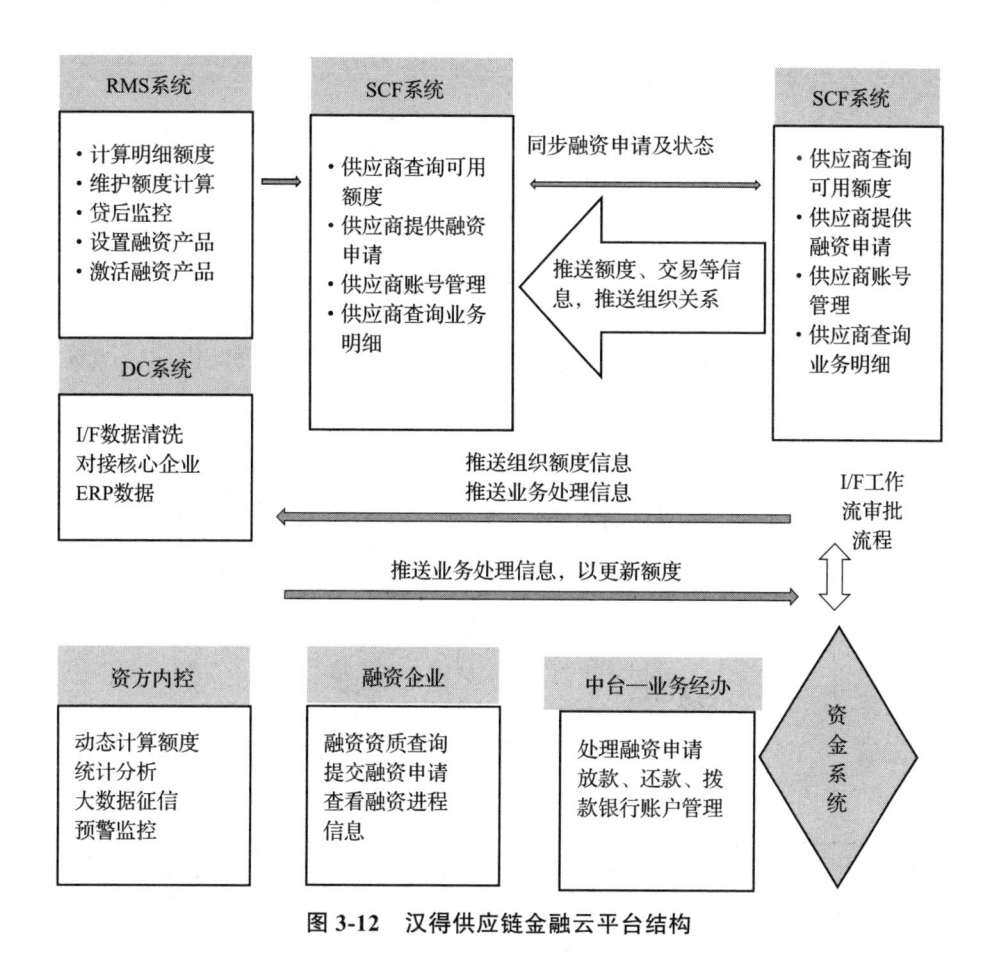

三、总结与启示

汉得的成功不是偶然的,其成长之路给其他供应链企业提供了借鉴。汉得与银行建立了紧密联系,并达成供应链金融战略协议。如汉得将供应链金融平台与平安银行的保理云平台相对接,汉得主要为企业提供数据并通过大数据平台进行风险评估,平安银行主要发放资金。随着合作的不断深化,平安银行除了参与核心企业的贷款外,还直接给予汉得保理公司资金支持,帮助保理公司发展保理业务,通过保理业务带动公司供应链金融业务的发展。

（资料来源：笔者根据多方资料整理）

2. 价值链融资模式

价值链融资模式有别于传统融资方法中的供应链融资。供应链融资模式如图 3-13 所示。

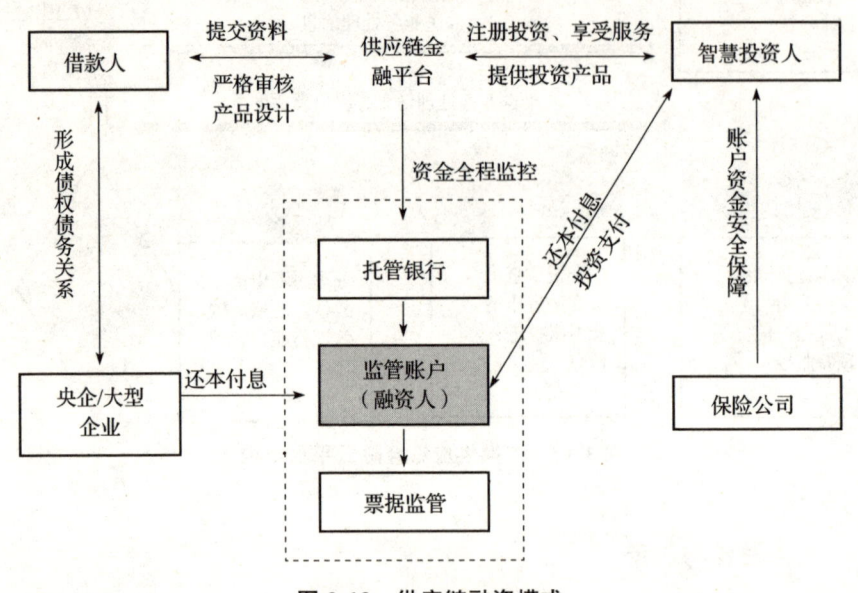

图 3-13 供应链融资模式

供应链融资对中小企业融资准入评估，并非孤立地对该企业的财务状况和信用风险进行客观评价，更重要的是其对整条供应链上核心企业的重要性和领导地位以及该企业与核心企业既往的贸易记录进行分析。数字化供应链融资有四种模式：动产质押融资模式、保兑仓融资模式、基于智慧技术的互联网供应链金融模式、基于平台的互联网供应链金融模式。

3. 供应链金融模式

供应链金融服务的高质量发展途径主要有：搭建国际共享型供应链金融服务技术平台、探索跨境供应链金融服务科技平台建设、发展嵌入式数字技术供应链金融。

（1）搭建国际共享型供应链金融服务技术平台

首先，要研究各个生产企业的供应商特点，研究供应链各个环节的风险抓手；其次，利用技术创新金融工具和技术创新机制安排，实现在供应商的流转环节中管控现金流风险，在提高资金流动效率的同时保证融资安全；最后，运用新的信息技术，打造共享型供应链金融服务技术平台。供应链金融科技平台功能见表3-2。

表3-2 供应链金融科技平台功能

功能	
功能1	可以平行运行不同的供应链
功能2	可根据平台、金融机构、企业三方共同研究相关供应链的运行特点，寻找供应链上涉及风险控制的关键节点，改善流程，强化物权控制和资金流转掌控力
功能3	企业在获得良好高效金融服务的同时真正改善财务和经营状况
功能4	可以让供应链上企业各自的服务银行加入平台，为企业提供贷款等链上全面金融服务
功能5	提供公共、公平、高效、安全的服务，尤其是提供风险控制服务，自身不办理金融业务，不形成垄断，更不与链上金融机构进行不公平竞争，可以成为未来数字社会友好平台的样板

（2）探索跨境供应链金融科技平台建设

过去的国际贸易多用信用证支付，主要是交易双方关系松散，信任感不足。此外，在国际贸易中，商品的装运和交接都比较复杂，各种货物有不同的特点，适合的运送方式不同，支付的方式也有各种惯例，包括到岸价、离岸价，以及商品的分期付款、单到即付等。远洋渔业、海洋补给也有多种不同的结算方法。另外，各国的对外贸易措施和外汇管制措施都涉及跨境结算与投资。随着经济国际化的推进，尤其是中国制造业企业走出去的速度提高，整个产业链、供应链已经成为一个跨国的大链圈，链圈上的中下游客户，关系往往非常密切，彼此的信任度也相当高。近十年，银行的资信证交易占比明显下降，全球电子支付服务的信用证业务却占据了绝对的份额，也证实了这种现象。

跨境供应链融资，并非国内供应链融资的简单复制。企业需要熟悉掌握国际金融体系、进出口管理、外汇管理等国际机制，以及外币结算与交换等的商业银行国际服务安排，因此必须将国外结算、外汇兑换等国际服务渗透到供应链金融服务中，并借助买方信用、卖方信贷等新方法创新国际贸易投融资模式。

因为中国跨境供应链融资技术平台的特殊性，可能要由中资银行、外商金融机构和科技公司联合开发打造这种网络平台。平台自身应该是行业中立、技术中立，且具备较高市场公信力的服务型友好网络平台。

（3）发展嵌入式数字技术供应链金融

随着工业物联网和数字经济的蓬勃发展，未来行业会在不同数据基础上建立不同的生态圈和供应链。所以，数字供应链金融应该打破当前围绕金融机构或商业银行搭建数据基础的单一思路，把数据供应链金融嵌入各类工业物联网和数据金融产品，作为此类数据金融产品的重要部分。这将成为数字供应链金融领域的第三条创新道路。在这个创新的道路上，可能出现更多的金融服务创新和金融管理创新。

四、供应链金融未来的发展

1."四化"发展新趋势

供应链金融未来发展呈现四大趋势：科技化、资本化、垂直化、生态化。每个趋势的特点显著，都将成为供应链金融发展的一条脉络。

（1）科技化：科技是供应链金融升级的加速器

随着产融技术（Findustrial Tech）的不断发展，技术现代化对产业链各环节的渗透突出，将加快产融升级的速度，驱动供应链金融服务成为全新模式，有助于供应链金融服务在顾客挖掘、产品服务、合作伙伴关系和渠道模式等方面的转型。

金融供应链科技化如图3-14所示。

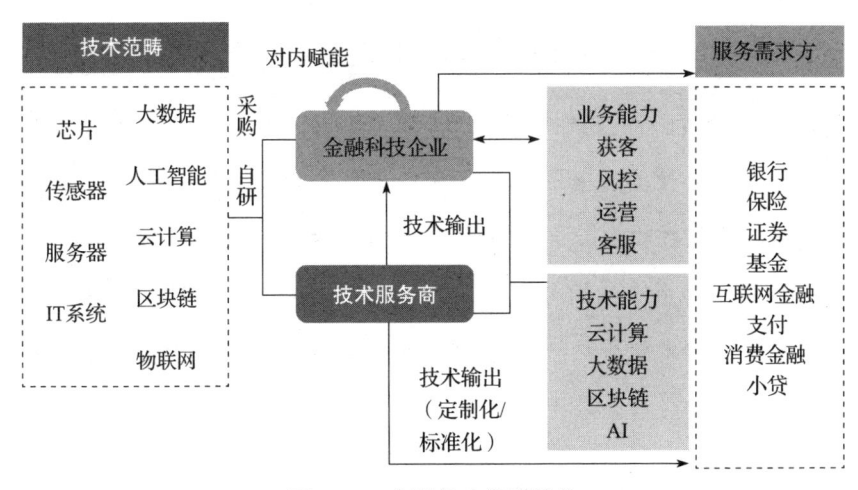

图3-14 金融供应链科技化

（2）资本化：资本成为连接产融的纽带

在供应链金融服务中，融资不仅是盈利的手段，还是供应链金融服务公司与合作者建立关系的纽带，在合作共赢的目标下达到了整体共同增长与个人价值增长。

（3）垂直化：垂直经营塑造供应链竞争力

经过对供应链细分市场纵向拓展、对业务板块深入挖掘，以及对周边辐射地区的案例剖析，金融机构可利用自身资源与实力，精准识别细分市场客户，借助供应链解决下游中小企业的金融服务需求，最大限度地利用区域资源优势，有效覆盖周边消费者，提供全面、专业的金融服务。

（4）生态化：构建生态是供应链金融的主旋律

当前，供应链公司和金融机构开展了金融服务，为整个供应链上下游提供支持，并建设场景化的生态圈，在合理管控经营风险的前提下，帮助整个供应链生态增强硬能力，完成整个供应链的生态化转变，从而反哺整个金融行业。

供应链金融专栏 4

联易融：全球领先的供应链金融科技解决方案提供商

2021年4月，联易融于港交所主板正式挂牌交易。联易融致力于通过科技和创新来重新定义和改造供应链金融，成为全球领先的供应链金融科技解决方案提供商。作为腾讯 To B 战略生态圈的核心成员之一，联易融响应国家普惠金融的号召，聚焦 ABCD（AI、区块链、云计算、大数据）等先进技术在供应链生态的应用，以线上化、场景化、数据化的方式提供创新供应链金融科技解决方案。

一、创新绿色供应链，携手中国农业银行助力中小微企业发展

中国农业银行成都分行、山东分行和供应链金融科技服务商联易融就绿色助农、环保水务等主题专项助力中小微企业融资。此前，联易融和中国农业银行在供应链领域开展合作，实现了农行与联易融"讯易链"平台（见图3-15）的系统对接，通过"讯易链"平台开展"保理e融"业务（见图3-16）。

在中国农业银行成都分行首笔落地的业务中，上线的核心企业为四川德康农牧食品集团股份有限公司及其下属的3家子公司。其链属的5家中小微企业供应商基于核心企业的信用，依托"讯易链"平台，通过线上流程高效便捷地获取融资，及时缓解因新冠肺炎疫情带来的资金流压力。据了解，此次合作为联易融成都分部落地的首笔业务，从立项到落地仅用时19天，业务金额超过人民币3000万元。

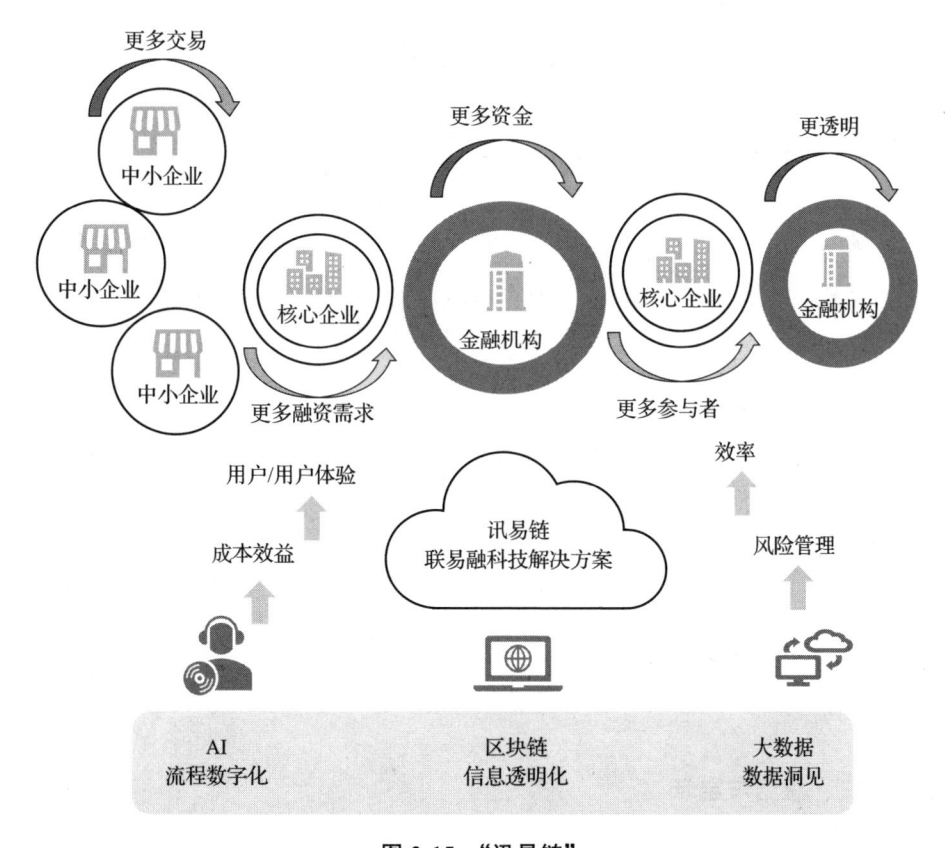

图 3-15　"讯易链"

图 3-16 "保理 e 融"业务

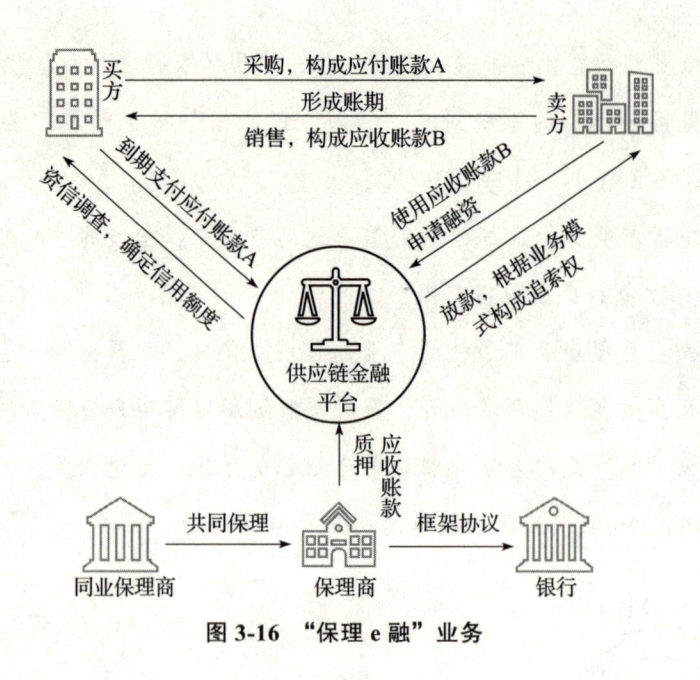

二、缩短收款时限，助推绿色产业发展

联易融和中国农业银行山东分行合作的首笔多级流转业务的金额为 650 万元。从核心企业注册到供应商收款仅用时一天半，极大缓解了产业上下游的资金周转压力，确保供应链安全稳定。在此项目中，上线的核心企业为一家从事污水处理及再生利用等的环保业务水务公司。在当前水资源亟须保护、用水需求不断增大等因素的影响下，供应商存在资金周转、融资难等问题。中国农业银行山东分行基于该公司特点及需求，为其制定了总金额为人民币 1 亿元的"保理 e 融"业务金融服务方案，结合联易融"讯易链"平台的科技能力，供应商在发起融资申请后实现资金快速到账，切实助推绿色产业发展。

三、总结与启示

联易融作为国内领先的供应链金融科技解决方案提供商，致力于通过科技和创新来重新定义和改造供应链金融。公司继续推动数字化供应链金融的创新，协助金融机构向供应链薄弱环节提供资金和普惠金融服务，助力核心企业的数字化转型，解决中小企业的融资问题，促进供应链生态全链条企业协同发展。在挑战中把握发展机遇，实现可持续的高质量增长。联易融将继续利用及扩大获客的"飞轮效应"，积极扩大客户群，加快产品的渗透。未来，联易融将和成都分行持续深化合作，不断探索创新供应链金融模式，为供应链客户提供高效便利的融资体验，助力中小微企业解决融资难题。

（资料来源：笔者根据多方资料整理）

2. "数字化+供应链金融"生态圈

数字化的大潮已经席卷所有领域，供应链金融行业也不例外。更多的场景给供应链金融的发展插上了腾飞的翅膀，再加上数字化科技的日益完善，未来数字化和供应链金融结合起来，才能进一步为全产业链生态系统赋能。

全球的数字化经济飞速运转，我国正在从"制造大国"向"制造强国"迈进，转型过程中，增强产业链之间的紧密联系显得极为重要。数字化可以使供应链金融活动中的信息数据更加可信、透明、可核验和可追溯。信息和流程的透明化，会让供应链金融中的风险可控或降低。对供应链金融来说，重要的是风险的把控程度，而数字化可以解决信息不透明的问题，打通信息节点，破除壁垒，让供应链的整个流程都处于透明化的状态。这也是创新供应链金融模式一定要借助数字化的原因。

供应链金融在数字化的进程中，不断探索新的创新模式。通过数字化转型，供应链金融赋能整个生态圈层，借助数字化的手段，供应链金融的整个流程在未来会更为透明与开放，模式也会更加多样化。

"数字化+供应链金融"的组合拳模式，赋能了整个经济生态圈层。供应链金融作为十大赋能体系中的重要一环，发挥了重要作用，也是十大赋能体系中最有利的切入点和整合者。供应链金融的赋能离不开数字化的助力，而整个生态体系的构建更需要二者结合。

章末案例

上海钢联：大宗商品综合服务商

2022年5月10日是第六个"中国品牌日"，《中国冶金报》如期发布2022年度中国钢铁品牌榜。本次品牌评选共评出五张榜单，分别为"2022钢铁行业全球影响力品牌""2022中国卓越钢铁企业品牌""2022中国优秀钢铁企业品牌""2022中国冶金行业最具竞争力产品""2022中国卓越钢铁技术与服务供应商（机构）品牌"。站在全球竞争的高度，此次评选特设"2022钢铁行业全球影响力品牌"榜单，中国宝武等16家企业上榜。在过去的一年里，《中国冶金报》开展了"钢铁'寻冠'"与"突破'卡脖子'技术你最牛"调研活动，对钢铁及冶金装备等上下游企业的"单项冠军"及突破"卡脖子"技术、产品的企业进行了征集与报道。经过调研，一批优秀企业的产品进入"中国冶金行业最具竞争力产品"榜单。

一、公司简介

上海钢联电子商务股份有限公司（以下简称上海钢联），2000年成立于上海。二十多年来，上海钢联逐渐形成了基于大数据的企业综合资源、上中下游行业研发、行业专家队伍咨询服务、互联网电商贸易网络平台、智能云端物流、信息物流和供应链金融等服务的大互联网产品闭环生态系统，并建立了钢材、矿石加工以及黑色金属行业和有色金属、燃料化学、农产品加工等多样化生产领域的大集团产业链。目前上海钢联已经建立了一个大网络平台的综合网络服务体系，为全国钢铁企业和大宗商品产业提供资讯与电商平台增值服务。

二、深耕行业垂直服务，打造钢铁电商生态链

在现货交易上，中国钢银平台引入了"钢银超市"（寄售）和"钢铁集市"（撮合贸易）两个商品交易模块。钢铁超市是以真实现货库存为基石而建立的开放性钢铁大卖场，由厂家以及钢贸商委托钢银网络平台进行营销，所有商品买卖、款项缴纳、供货、二次结算等环节均由钢银网络平台全程参与（如图3-17所示）。

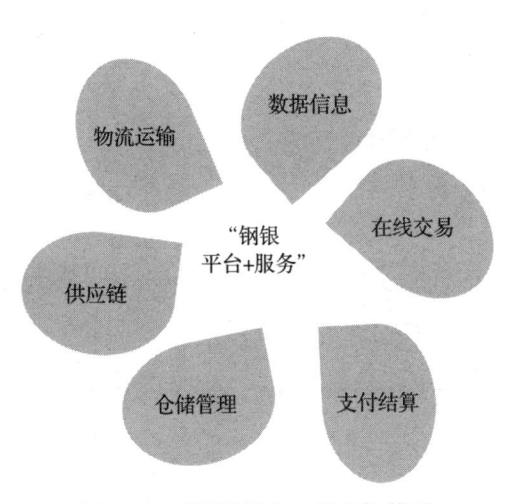

图3-17 "钢银平台＋服务"战略

钢铁集市是一个主要面向钢厂和大型贸易商的网上商店服务，钢厂和贸易商可以在这里开发自身的网络资源并把自己的商品上架售卖，并利用钢银网络平台与钢厂和贸易商之间的企业资源计划（ERP）互动，以增强

资料的真实感和准确度。并且，为吸纳交易方进入钢银网络平台，中国钢银电子商务已在东部、华北、华中、华南、西北、西南等重点钢材物流交易中心建立了六个地方电子商务分中心，为用户提供各类供应链服务，提升用户体验，以推动平台在全国范围内的推广和普及。此外，上海钢联还积极推进贸易配套服务体系的建设：一种是通过股份制公司提供商品仓储管理出口业务服务；另一种是通过全国著名钢厂和仓库的组合，向行业成员提供"钢厂代购订单1"和"现货质押2"两种融资服务。

三、构建行业价格指数，提升数据服务影响力

我国虽然是世界最大的钢材产地和消费国，但由于没有权威的国际钢材物价指数，在全球贸易洽谈中并不能获得相应的交易标价权和话语权。根据这一实际问题，为适时、准确、完整地反映国内当前的钢铁价格总体水平和变化状况，并预测未来市场的价格变化情况，给中国钢铁企业提供经营决策参考，上海钢联依托其大数据收集系统和十多年的产业统计积淀，制订了钢材价格指标。

上海钢联数据服务影响力提升过程如图3-18所示。

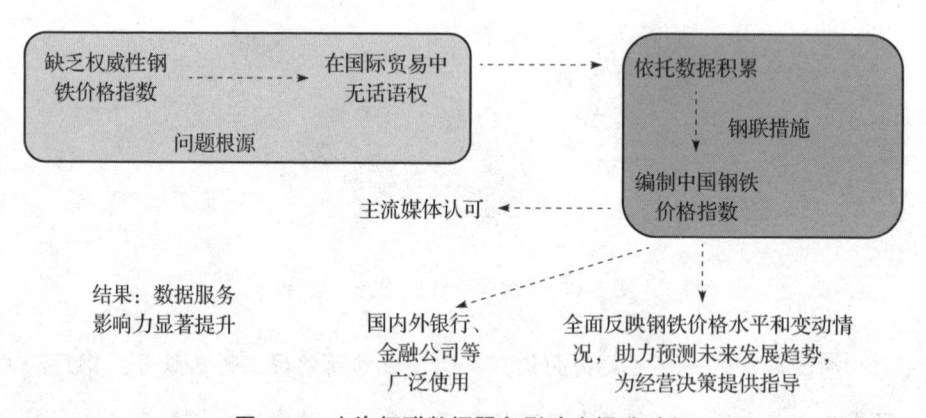

图3-18 上海钢联数据服务影响力提升过程

针对大宗商品日益金融市场化的发展趋势，在国际现货贸易市场，上海钢联与芝加哥商品交易所（CME）建立了数据合作伙伴关系，上海钢联提取的钢材和有关原料价格财务数据供CME开展融资衍生品的基准设计、发行、清理与支付，产品上线后再按交易状况划分。经过与CME的合作，上海钢联进一步提升了其资讯服务品牌的国际形象，为进入全球资讯服务市场打下了基础。

四、建立钢铁研究中心，探索新商业模式

伴随中国B2B钢铁网络平台的发展，消费者对网络平台提供的信息有了更高的需求。为继续培养企业竞争优势，不断创新商业模式，上海钢联成立了"我的钢铁研究中心"（MRI），为钢铁及相关企业提供研究报告、咨询、定制培训等服务。MRI每年定期对钢铁行业市场情况、产品线和上下游钢材做出31次调研报告，为行业公司和有关融资企业制定竞争政策与融资策略提供了依据。其中：产业市场报告共包含14篇报道，内容涵盖钢铁企业的总体供求趋势预测报道，铁矿等及上下游钢铁、硅钢等的细分市场情况和产业发展报告；产品线研究涉及炼钢、热轧、中厚板等7种主要产品。另外，MRI提供咨询服务，内容包括技术项目竞争分析、技术企业生产管理与市场营销策略、技术产品与企业发展战略规划、企业投资可行性研究以及行业公司风险评价等，为技术公司的发展与壮大提供了智力支持。MRI还为钢厂生产和营销人员及其上下游公司的高管，定制了钢材生产、市场营销、证券投资、现货研究与操作以及公司管理等方面的训练内容，提升了业内人才的整体素质，满足了现代工业集团发展对提升员工素质的需求，如图3-19所示。

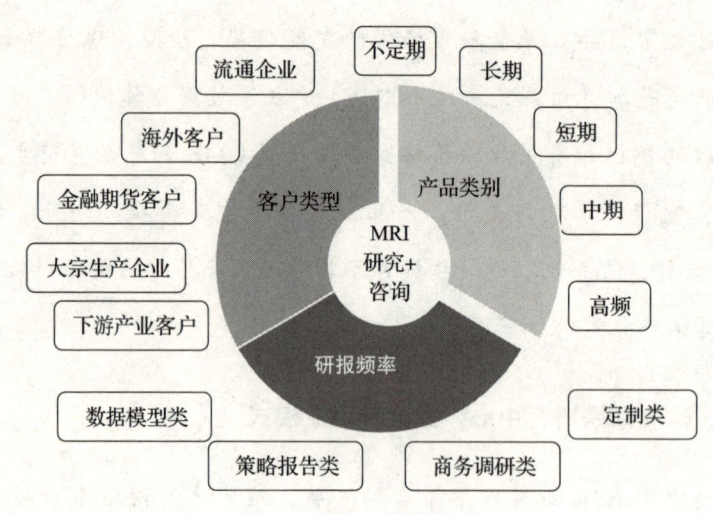

图 3-19　上海钢联 MRI

五、总结与启示

企业必须根据既定业务规划，有序进行经营管理工作，并密切注视宏观经济政策和产业政策的变动，主动适应市场变化。在内部，集团将继续加强企业内部管理和规范运营，全面提高企业管理水平和市场竞争力，拓展行业数据服务业务，促使钢铁贸易业务稳步增长。

第一，明确产品矩阵，加大技术投入。在产品构建方面，要明确价格、数据、分析、咨询、会议服务等产品矩阵，强化技术支持，逐步拓展全业务产品线，进一步细分全产业链粒度，形成较为完整的产品数据库，深挖客户需求，强化大数据产品创新力度，整合并定制标准化产品，进一步丰富基金企业、投资管理企业、投资信息服务公司等金融客户的产品。

第二，跟上数据时代，创新商业模式。在流量控制方面，运用社会化媒介（包括微信视频号、快手、抖音、头条、百家号等）导流，发现新客户，提升注册转化率。同时，做好图文发布、社区服务和日常经营，有效提高产品影响力。

　　第三，抓好标准落地，促进质量提升。在标准化领域，公司一直坚持推进服务标准化，采用八步流程管理技术，组建了服务、信息、数据、物流等九个标准化项目队伍。服务标准化工作基本涵盖目前的各种数据服务领域，并将不断完善数据系统闭环建设，深入推进各种服务物价指数的合规认证。

（资料来源：笔者根据多方资料整理）

第四章
平台生态

开篇小语

　　近年来，由于网络的广泛应用，平台成为一个全新的组织形态出现在人们的生活中。在这个历史背景下，社会经济竞争的主体形式正逐步地由公司内部的竞争转化为平台和平台系统内部的竞争。为提高竞争力，很多公司都将生态建设放到了非常突出的地位。目前，许多平台公司都提出了自己的生态战略。平台生态系统是一个由平台及其利益相关者组成的特殊的业务生态系统，其主要功能是为其他利益攸关方创造互动和交换信息的机会，并协助他们联系和匹配。平台的所有利益相关者通过网络平台实现互动，在互动过程中遵守平台设定的规则，并坚持平台提倡的价值主张。

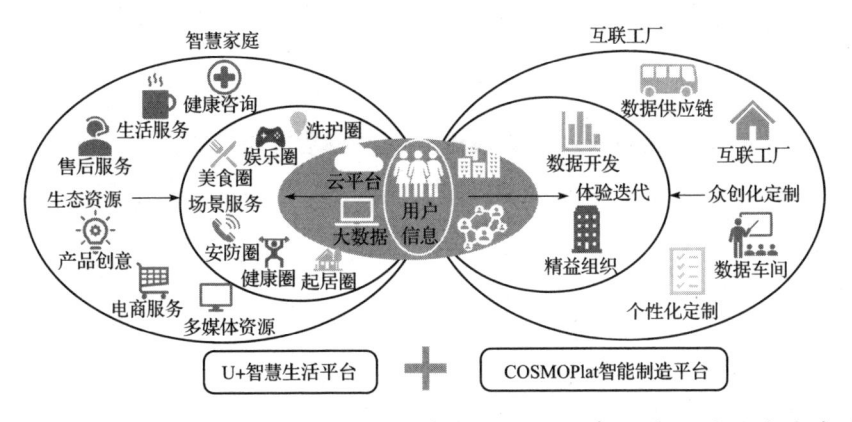

　　"狭义的平台生态体系包含平台产品和应用服务，广义的平台生态体系包含终端用户、竞争平台生态系统和竞争环境。平台生态系统在不同发展阶段具有不同的特点。平台生态系统的短期内特征是韧性、可扩展性和复合性，中期特征是黏性、可延展性和协调性，长期特征则是边界性、突变性和持久性。"

　　　　　　　　　　　　——封面传媒董事长兼首席执行官　李鹏

> 开章案例

卫士通：安全领军生态合作

全球数字产业发展迅速，在新冠肺炎疫情的背景下，网络经济的迅速发展让各国经济受疫情影响的损失降至最低，为经济复苏提供了动力。例如，网络购物、网络教育等多样性的网络产业快速发展。随着数字经济覆盖生活和社会的各方面，信息在数字平台的存储量不断增加。

一、公司简介

成都卫士通信息产业股份有限公司（以下简称卫士通），创建于1998年，由中国电子科技集团公司第30研究所发起组建。凭借三十个单位四十余年丰富的专业研究与人才积淀、高效率的现代公司运营管理机制以及技术创新，卫士通成长为国内网络安全领域的龙头企业。以此为基础，卫士通开辟了税务电子化、财务电子化、电子商务等安全IT服务，完成了公司的规模化扩张。自成立以来，卫士通服务的用户累计超过10000家。

卫士通的人员按照专业技能分类，大致分为财务人员、技师、技术制作人员、营销管理人员、行政管理人员、开发人员等。通过二十余年的努力，卫士通研发了密码与安全技术，可以满足从硬件到软件、从底层到应用层、从远端到云的综合安全要求，还协助用户高效处理发生在基础设施防护、智能城市、移动办公、安全应用等情景中的安全问题。

二、卫士通核心优势

卫士通橙讯系统遵从以安全性为核心的设计原则，采用多级密码与密钥结构设计，以满足客户对身份验证与消息通信高度安全的需求。在信源级密钥、群组消息安全、动态群组密钥管理等方面，拥有行业内的领先优势。从国产的主流软硬件发展到单片机、服务器设备、控制系统、数据库等，所有的核心技术模块全部满足信创相关需求。卫士通全面整合自身的商业加密、安全通信以及安全运营等方面的能力和优势，打造出以商用加密为核心内容的信息安全及时通信商品——卫士通橙讯信息安全及时通信合作平台。公司的核心优势如图 4-1 所示。

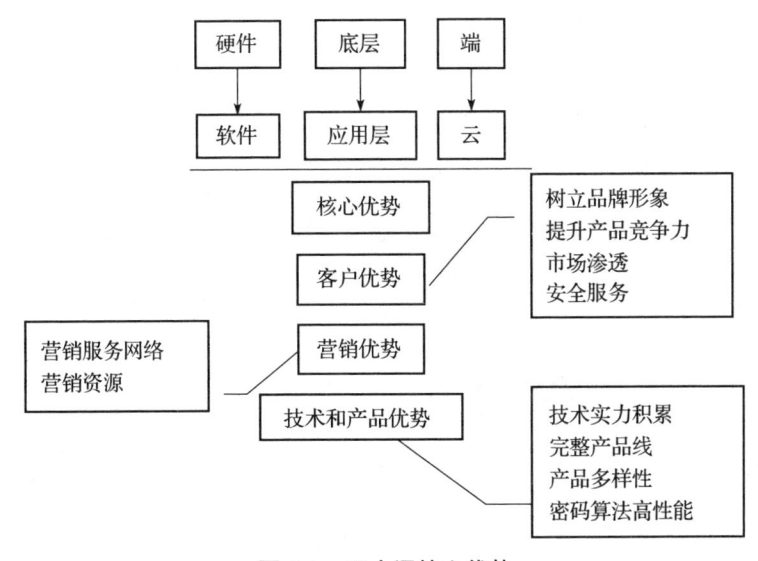

图 4-1　卫士通核心优势

第一，技术和产品优势。公司在密钥产品的多样性和对密钥计算的高性能化实现等方面保持世界领先水平。同时，公司持续参加了有关规范、标准及主要技术标准体系的制定，涉及国家安全技术标准体系、国家密钥技术标准体系和国家安全产品体系，为企业的可持续发展打下了牢固的基础。保密产品是企业的核心产品，包括加密芯片和加密模块。长期以来，卫士通始终在研发和开拓商用密钥等安全技术，具备雄厚的技术实力和完备的安全产品线。以商用密钥为主的核心技术产品具备了国际竞争优势，多款软件产品已达国际领先水准。

第二，客户优势。卫士通的客户群遍及各行各业，早已树立"国家信息安全团队、密码行业主力军"的品牌形象。卫士通与中高端客户建立了长期合作，依托于这一资源优势，卫士通与经营者及其他伙伴一起开辟中小企业和个人用户服务的全新领域，为中小企业和个人用户提供安全生产、安全应急、安全运营等服务，既保证了卫士通在行业内的领先地位，又参与了大规模的公开市场竞争。

第三，营销优势。卫士通凭借长期形成的销售信息服务网点，结合所属企业的销售优势，逐步建立覆盖全国、以各省办事处为中心的整体销售信息服务平台，形成一体化销售服务体系，为全国各领域客户提供有效的、业界一流的系统信息安全解决方案及整个信息系统生命周期的咨询服务。

三、卫士通橙讯平台产业生态

基于安全即时通信、安全话音通信、安全文件传输、安全地址簿等四个安全的通信业务，卫士通橙讯开发了七种办公应用程序，如音视频会议、企业云盘。通过完善的平台能力，实现了客户自身系统与外界应用的有效互动与统一管控。卫士通橙讯平台产业生态如图4-2所示。

1. 保障企业海外安全通信

卫士通橙讯推出的加密VOIP电话支持端到端数据加密、一消息一密钥和语音呼叫"一话一密"，不受时间、空间和运营商的限制，满足了高通信安全性要求。防屏幕截图、开放私人信息、文件水印、阅后即焚等安全设计,可以满足出海企业对高安全通信和文件传输的需求。

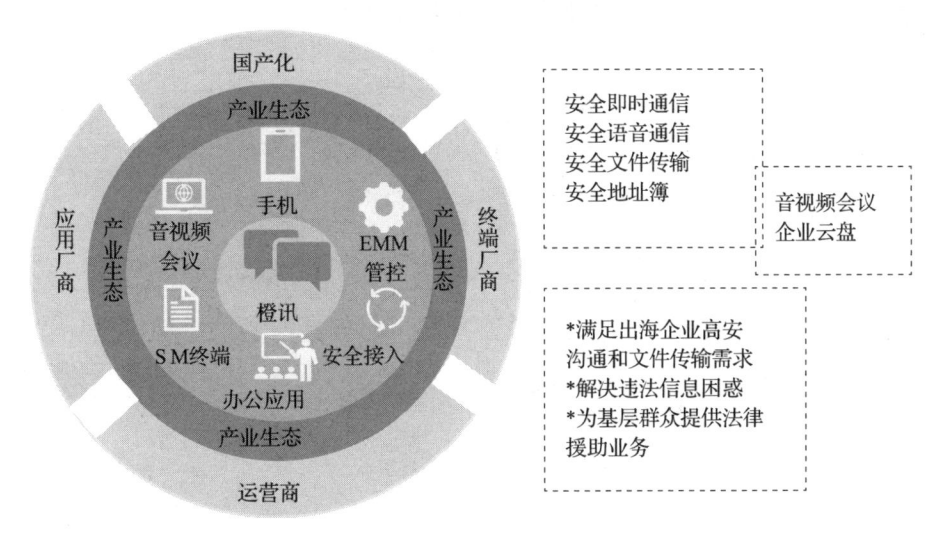

图 4-2 卫士通橙讯平台产业生态

2. 提高机关企事业单位安全办公协作能力

目前,卫士通橙讯已为多家机关、企事业单位客户服务,解决了在信息安全共享、恶意传递非法信息等方面出现的疑难问题。

3. 规范办公流程,提高办公效率

卫士通橙讯协助司法工作者随时随地连接业务系统,操作、浏览和管理具体工作事务,规范办事过程;为广大基层民众提供法律援助服务,同时提升工作人员的决策效能和办事速度。

四、卫士通橙讯的设计与服务

卫士通橙讯致力建设安全可靠的中国移动信息基础设施,建立具备 1 亿客户支撑与管理功能的即时通信合作系统,满足安全通信业务需要。移动办公安全协同服务和平安管控服务,是以平台构建为基本发展生态,通

过企业内部办公协同、新闻宣传、舆情引导、党建、宣传发动、企业管理服务等功能，以安全性为基础，满足企业工作环境与日常生活中的多样化需要。卫士通橙讯的设计与服务如图 4-3 所示。

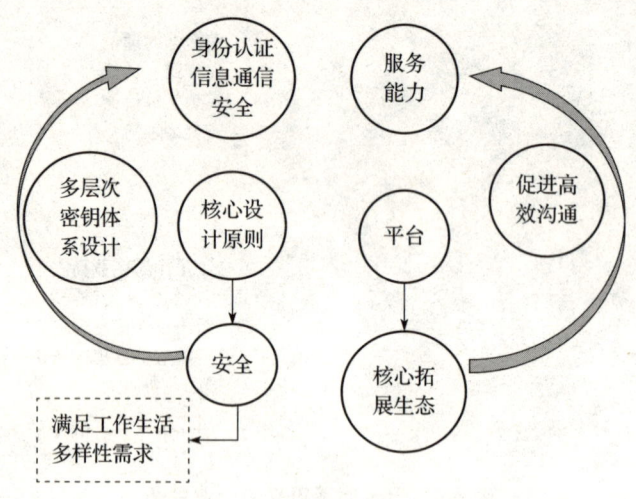

图 4-3　卫士通橙讯的设计与服务

五、结论与启示

卫士通的核心技术推动了国内网络安全行业的发展，十余年来打造了拥有独立知识产权的网络安全产品线与业务模型。

第一，制定了人才培养策略和产学研协同策略，形成了创新技术快速商品化、市场化的产学研一体可持续发展模式。

第二，卫士通凭借其在技术和产业中的领先地位，参与制定了国家信息安全产业标准，承担了国家"863"等技术研究和产业化项目。

第三，卫士通的长期稳定的客户促进了公司技术和产品竞争力的增强。

（资料来源：笔者根据多方资料整理）

一、探究数字平台生态

随着大数据、区块链、人工智能等的不断发展，"数字"已成为推动经济增长和创新的重要元素。数字产业与相关产业融合形成的数字经济，已成为中国经济转型升级的新动力。"数字"作为推动经济发展的独特元素，扮演着越来越重要的角色。数字平台生态系统突破了时间和空间的限制，激活了潜在资源的离散分布，为大规模合作和分布式创新提供了可能。

1. 平台内容

平台研究首先涉及产品和技术平台等非经济领域。目前，尚未有学者在经济领域对平台知识进行系统、全面、深入的探索。然而，随着网络经济学的兴起，经济学领域的平台研究逐渐成为学者的研究热点，国内研究的重心是互联网所催生的新平台，尤其是P2P平台。

学者虽然带头拓展了"平台"的功能定位，但对"平台"内部组织结构的分析相对缺乏，使得"平台"的概念更加宽泛。

2. 价值创造

数字平台生态系统的价值创造过程发生了深刻的变化。首先，扩大了价值分配的空间，价值创造来源的深度和广度前所未有地扩大；其次，数字平台生态系统独特的连接功能使创新组合多样化，价值创造过程的乘数效应越来越明显；最后，跨境经营开辟了新的市场，新的价值来源不断增加，新的商业模式不断涌现。数字平台生态系统创造价值如图 4-4 所示。

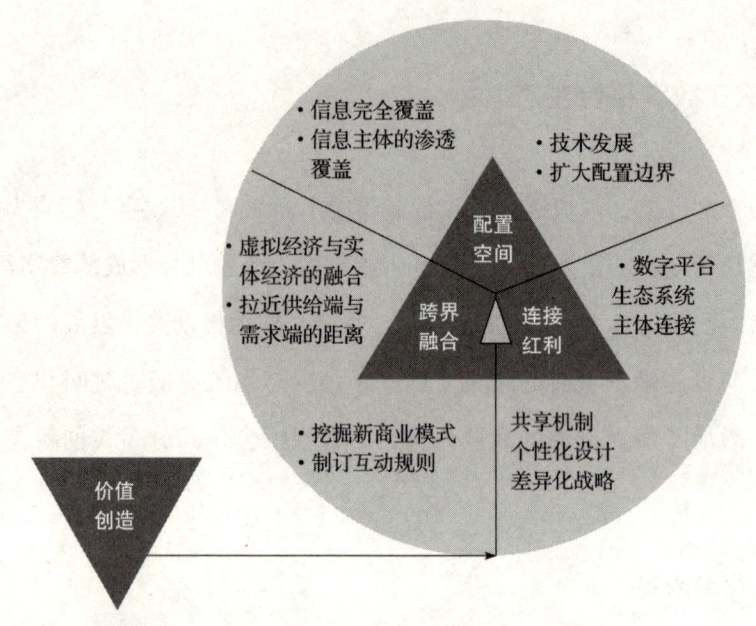

图 4-4　数字平台生态系统创造价值

（1）价值创造配置空间

在数字经济背景下，经济实体可以及时、准确地获取各物理空间的相应数据，供需方的数据实现了完整的映射，体现在两个方面：一是信息的完全覆盖，实现同一层次或同一维度的完整映射；二是信息主体的渗透覆盖，实现不同层次或不同维度的完整映射。例如，传感器的普及实现了信息的覆盖，人工智能的发展促进了信息的渗透。数字平台生态技术的不断迭代，较好地解决了信息不完全的问题，扩大了价值配置的边界，扩大了价值配置的空间。

（2）价值创造连接红利

互联经济是数字经济时代的独特产物，也就是说，两个节点的互联效应大于二者利益的总和。数字平台生态系统中的信息共享提高了信息交换的价值创造效率。同时，数字平台生态系统中的开放接口削弱甚至消除了规模经济和范围经济的制约，实现了产品、服务规模和多样性的同步扩张。此外，数字平台生态系统的主体连通性也发生了重大变化，平台生态系统创新主体的组织边界日益模糊，开放接口和标准化带来管理范围的日益扩大，数字平台生态系统在数字经济时代实现了红利连接。

（3）跨界融合价值的发现

从产业角度来看，跨境经营是虚拟经济与实体经济的融合。随着数字平台生态系统的开发，越来越多的行业界限越来越不清晰。从企业组织角度来看，专业分工的日益细化和大量虚拟组织的出现使企业的跨境发展成为可能。跨境经营的本质，是通过数字非中介化缩短供求双方的距离，建立更频繁和更深入的价值互动，制订更清晰和有效的互动规则，以开拓新的商业模式。

3. 创新生态

平台生态系统是资源共创与资源整合的平台，基于此能够提高企业对人才的吸引力以及平台生态系统中各相关群体（众多中小企业）的合作力与互动性。数字平台生态系统价值创造的主体不断涌现，价值关系呈现出生态化趋势。

第一，创新主体多元化。经济管理学对"创新"的理解经历了三个发展阶段。第一阶段是内生增长理论，指出企业封闭创新是主要的技术发展路径，强调企业内部创新。第二阶段是国家创新体系的提出，指出产学研合作是实现创新发展的关键。第三阶段是数字平台创新。Boudreau等人指出，进入数字化创新阶段，多主体连接形成一种共生的竞争关系，数字化进一步促进跨行业、跨区域的协作，企业只是创新的主体之一，政府、科研机构、中介机构、开发者、用户都可以通过数字平台成为创新的源泉。

第二，平台生态系统价值关系生态化。在产业经济时代，价值创造中的迂回分工是创新合作的高级形式，专业化分工促进了创新效率的不断提高。自国家创新体系提出以来，科技创新的源泉与科技产业的应用相联系，产业链的迂回分工被创新协作链取代。在数字平台生态系统中，创新合作呈现生态化发展趋势，创新要素多样化程度较高，价值关系更具包容性，创新范式更适应外部环境。数字化贯穿于生产和生命的各个领域和阶段，成为平台生态系统的基因。

第三，数字生产要素独特化。"数字赋能"充分表明，数字已成为数字经济时代的一个独特的生产要素，数字延伸和纵向智能响应系统建设带来的横向价值界面得到推动，促进了科技创新、技术开发和商业应用。数字化促使信息孤岛消亡，和数字平台生态系统的连接红利共同刺激了跨界一体化商业模式的出现。

> **平台生态专栏1**

云宏信息科技：基于数字平台发展壮大

云宏信息科技股份有限公司（以下简称云宏）是一家专注于云计算及大数据的软件公司，目前在云操作系统三个层次（虚拟化引擎、虚拟化管理、云服务管理）均拥有自主知识产权，公司运用先进的云计算技术，使得人人都能享受快捷的信息服务。云宏专注于云计算关键技术、架构、标准等方向，致力于为客户提供技术领先、安全可控的云计算基础软件产品及行业云计算、大数据解决方案。多年来，其在云操作系统、云监控、大数据等方面深入研究，坚定地走自主产品化道路，取得了多项创新成果，成功研发虚拟化平台CNware、云计算管理平台WinCloud、"宏云＋私有云"等产品。云宏产品及解决方案已在电信、金融、航天、军工、医疗等行业得到应用。

一、数字平台下的创新产品

第一，云宏 CNware 虚拟化平台。云宏 CNware 虚拟化平台是构建云计算环境的最佳基础，帮助企业构建更高效的基础设施，是从数据中心向云过渡的过程中迈出的第一步。它主要由虚拟服务器引擎和虚拟过程控制软件组成。通过对包括物理资源在内的各种资源的综合管理，为客户建立虚拟数据中心，并根据需要提供服务。

第二，云宏 WinCloud 云操作系统。云宏 WinCloud6.0 云操作系统采用全融合架构，包括云运营平台、云监控平台和云可视化平台三个平台，对传统 IT 架构、新兴 IT 架构"双管齐下"的集成进行架构，帮助客户构建完整、稳定的云数据中心，既能稳定运行传统业务，也能更新业务处理。

第三，云宏超融合一体机。云宏超融合一体机不仅为企业提供方便、灵活、可扩展的超融合基础设施，还将构建更智能的企业数据中心和统一的企业云平台，全面提升企业的 IT 能力，专注于应用和服务，如存储和网络资源，以及硬件、产品和服务，包括服务器设备、虚拟服务器、云管理平台和企业应用程序。

第四，云宏知库云盘。云宏知库云盘利用云存储技术，帮助企业建设专有知识库，实现工作文档的集中管理，积累和继承知识财产。它支持多移动终端，具有多样化的共享方式和可靠的安全机制，帮助用户随时随地快速获取和共享工作文档，提高办公协作效率，让企业进入移动办公时代。

数字平台下的创新产品如图 4-5 所示。

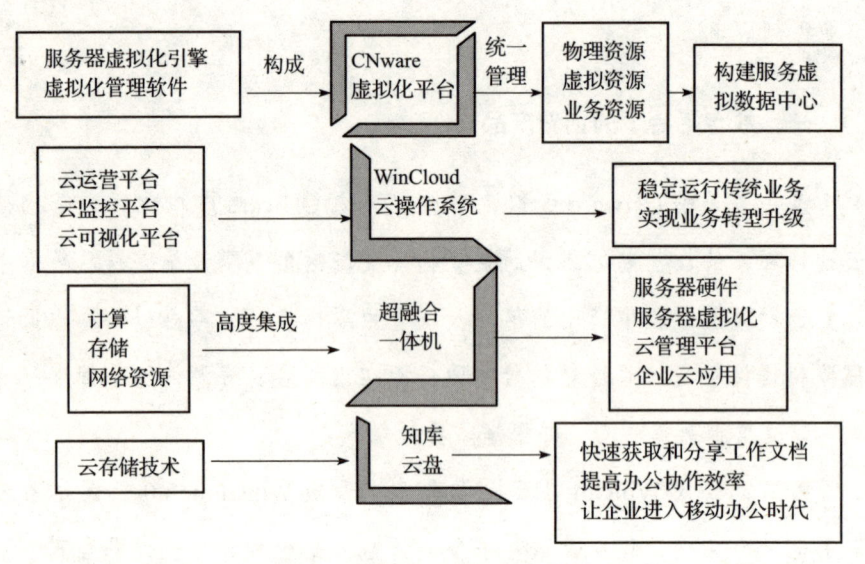

图 4-5 数字平台下的创新产品

二、云宏三大平台

第一，大数据支撑平台。它是基于开源技术的性能优化，增强大数据存储、查询和分析的支持平台。基于微服务体系架构，以分布式存储、海量数据处理和实时数据处理引擎为核心，针对数据管理、数据开放共享、数据分析应用等政府、气象、金融等数据密集型行业的需求，开发了一个开放、智慧、可靠的基础支撑软件，使用户能够快速实现数据集成、存储、治理、分析和应用，实现数据资源化，发挥数据价值。

第二，云服务能力平台。它集成了云计算和大数据关键技术的领先优势，针对不同行业的业务特点创建了个性化的行业云解决方案，帮助用户建立从服务器资源到软件应用开发到运营和商业模式集成的生态体系。目前，云宏云服务已覆盖三大应用领域：智能社区医疗大健康运营平台、企业商旅通、农业大数据智能生态服务平台。

第三，云宏双创服务能力平台。在建设和运营全过程，通过跨区域资源对接、创业指导、政策解释、数据分析、云存储等方式，利用云孵化手段打破空间壁垒，借助云计算平台快速建立跨部门、跨地区、跨层次的统一管理体系，实现多方融合。这是移动互联网时代创新创业服务领域的先驱。

云宏三大平台如图 4-6 所示。

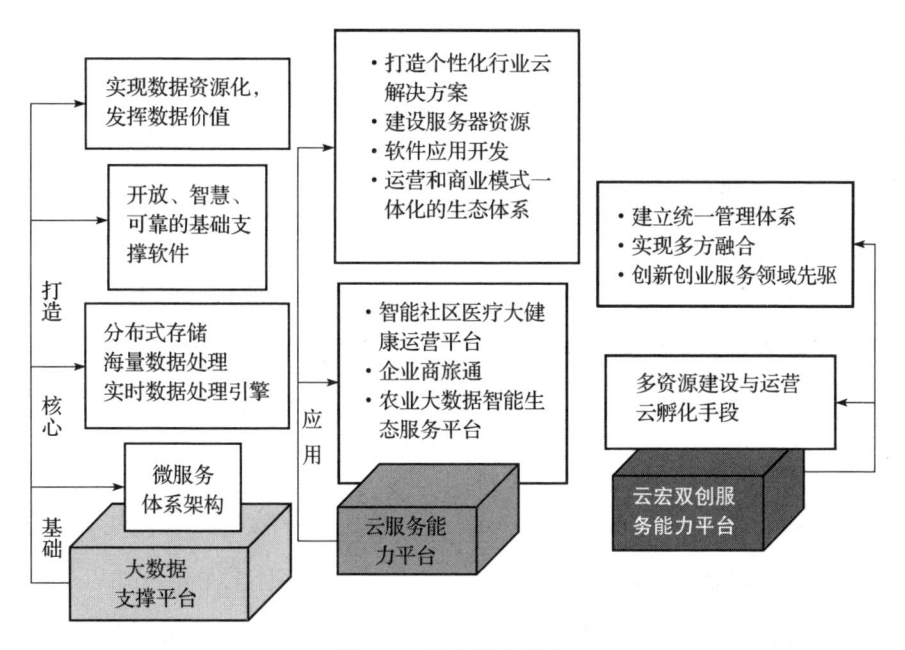

图 4-6　云宏三大平台

三、结论与启示

云宏拥有自主研发的知识产权、安全可控的云宏虚拟化平台（CNware）、云宏云管理平台，完全兼容龙芯、飞腾、鲲鹏、海光、兆芯、申威等服务器。服务器虚拟化软件通过对异构芯片资源的统一管理，提供高性能、高弹性和高可靠性的计算、存储和网络服务，并构建一个稳定的、按需的虚拟数据中心。云宏依托该平台不断成长，形成了自己的混合异构多云平台，具有跨云编排和调度、精细控制、智能操作和维护等能力，实现了基于云计算的、标准化的、自动化的服务交付，提高了运营效率和安全合规性。兼容性互认的完成，将使我国基础软件产业链得到进一步构建，有力推动了我国基础软件核心竞争力的提高，为多个行业的用户提供高性能的产品和服务。

（资料来源：笔者根据多方资料整理）

二、自组织协同演化

平台生态逐渐形成了重要的产业制造模式、商业模式以及行业发展模式。随着平台公司越来越多，平台行业成长迅速，对人们日常生活的影响越来越大。

1. 协同动因

网络平台企业生态系统的建立，可从主观与客体两个角度加以分析。首先，在满足了多边效用的情况下，供应链各节点公司不断地追求对信息资源优势互补的配合和协同，从而形成了各公司持续追求自我价值的动机。其次，客观上市场环境的不确定性、对应用场景与体验的个性化要求，以及在创新技术授权条件下营销环境的巨大变化，已成为网络平台供应链生态化发展的基础动力。在这两股动力的同步影响下，供应商颠覆了信息链条运作的传统上或下游传导模型，在平台模式的催化作用下建立了与平台供应链上利益相关者信息互连的新经济联合体，并形成了体现最终消费者价值主张的共享创新模式。平台供应链生态系统的形成动因如图 4-7 所示。

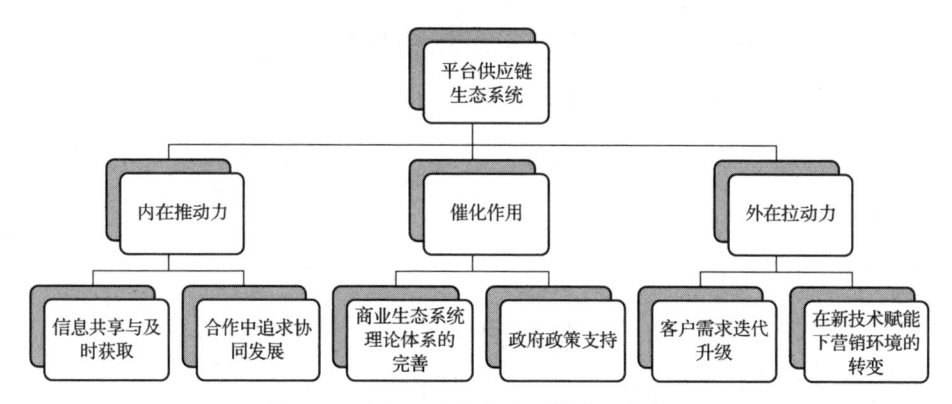

```
                    平台供应链
                    生态系统
        ┌──────────────┼──────────────┐
      内在推动力        催化作用        外在拉动力
     ┌────┴────┐    ┌────┴────┐    ┌────┴────┐
  信息共享与及  合作中追求协  商业生态系统  政府政策支持  客户需求迭代  在新技术赋能
   时获取      同发展      理论体系的              升级       下营销环境的
                         完善                              转变
```

图 4-7 平台供应链生态系统的形成动因

（1）平台供应链生态系统形成的内在推动力

平台供应链生态系统形成的内在推动力的基础在于供应链内部成员企业的共同发展需求，主要涉及信息资源的获取和共享、在协作中寻求共同成长等。

（2）平台供应链生态系统形成的外在拉动力

平台供应链生态系统的价值共创的产生不仅要得到其内在驱动的作用，还要得到来自外部环境的客观动力。外在拉动力，主要来自消费者场景体验的定制化产品的迭代提升，以及在新的技术赋能下内容生态的巨大变革。

2. 自组织演化

平台生态系统作为自组织，其发展阶段包括初始阶段、扩展阶段、领导阶段和自我更新阶段。作为平台生态系统基础的业务必须能够支持其他业务。如果一个企业不能为其他企业开辟道路，那么它充其量只是一个成功的独立企业，不能成为商业生态系统的核心。

（1）初始阶段

在构建平台生态系统的早期阶段，企业遇到的首要问题是怎样迅速建设整个生态系统所依靠的基础设施。这种基础设施的建设工作是十分关键的，因为未来整个生态系统都将建设在这种基础之上。如同治理荒漠的关键就是寻找杨树这一"生态工程师"一样，要为平台生态系统奠定基础，企业必须找到一个具有"生态工程师"特性的平台业务，并着力培育。

（2）扩展阶段

当基础行业获得相当程度巩固以后，平台生态系统步入了扩展阶段。在此阶段，生态系统将由单个行业延伸至众多行业，生态系统中的利益相关者将变得越来越复杂。在这个过程中，平台企业必须思考两个问题：一个是选择何种新兴行业，另一个是怎样控制新兴行业。平台类公司首先要看自身是不是和当前行业有很大的互补性，其次要看自身是不是有相应的战略能力来支撑相应的行业拓展，最后选择开发新业务的节奏。对公司而言，开发新业务不仅极其浪费资源而且面临的风险巨大，一旦处理不善，不仅对原有业务没有帮助，而且会造成直接经济损失。在这种情况下，企业应该选择那些对现有业务更具有补充性的业务。

（3）领导阶段

经过扩展阶段之后，平台生态系统的发展将达到一定水平，系统的业务架构将趋于稳定。在这个阶段，生态建设者的关键事务是领导整个系统，从而保证自己对整个生态系统的绝对掌控。

在扩展阶段，增长处于整个系统的要位，所以经常出现"野蛮增长"的情况。中央平台与其合作伙伴之间，以及核心业务与其他业务之间的关系往往不清晰。在领导阶段，这些问题必须进行解决。

（4）自我更新阶段

在自然环境中，生态系统随着外部条件的变化而进化。在商业环境中，平台生态会由于社会、制度以及宏观环境等的影响而发生变化。不同的环境因素将带来不同的生态效果。通常，只要外部因素不干扰一个自然生态体系的核心业务，那么无须刻意调节整体生态。尤其是有模块化架构的自然生态系统，无须改变或调节其中某个单元。一旦外部因素干扰了整体系统的核心服务，平台建设者必须及时做出积极反应，否则可能被淘汰出局。

为了实现这个目标，平台建设者应该根据实际情况选择新的核心业务作为新生态系统的基础。应该指出的是，除了具有两个重要特点——增长更快和支持生态系统，新业务还应该最大限度地利用旧系统的资源。通过这种方式，在整个改造过程中，平台建设者可以充分利用旧系统输入新系统，使整个改造能够更好、更平稳地完成。

平台生态专栏 2

创意信息：创意大数据的发展

创意信息技术股份有限公司成立于 1996 年，公司总部设在成都，拥有广州邦讯、上海格蒂、北京创意、创智联恒等子公司。服务网络覆盖全国及海外，在北京、南京、上海、广州、西安、等地设有分支机构。它是一个大数据产品和集成解决方案提供商，拥有完整的大数据采集和汇总、数据处理、数据挖掘分析和数据应用的核心能力，能提供以大数据、数据库和 5G 三大技术为核心，服务能源、通信、交通、金融等行业的独立可控的产品和解决方案。

一、创意产品

创意信息"大数据应用云平台"基于大数据、云计算、物联网等技术，适用于政务、环保、电力等行业，提供从数据采集到数据处理、数据应用、数据管理、数据存储，再到软硬件数据分析平台的数据备份服务。主要的产品如图 4-8 所示。

图 4-8 创意产品

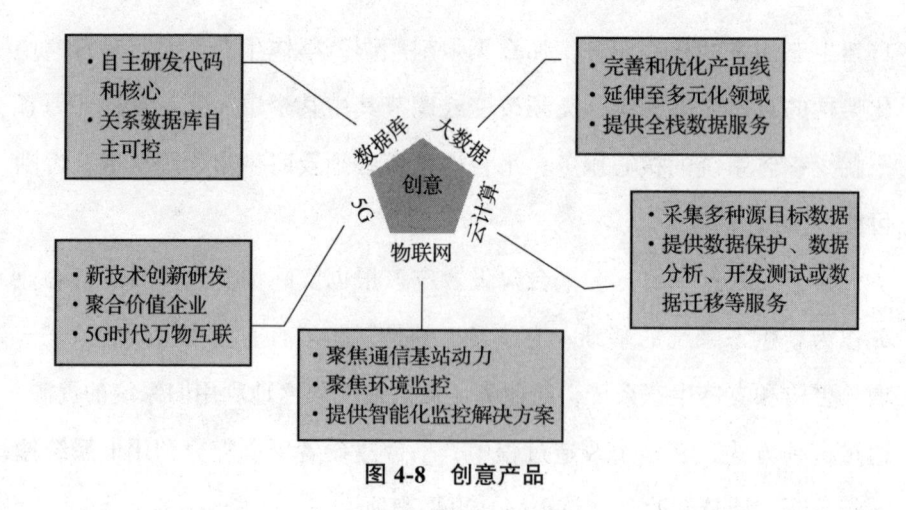

第一，创意大数据。不断完善和优化产业链中的产品线，从"大数据+行业解决方案"向"大数据+智能"转变，促使业务多样化的同时向数据管理、数据可视化交互、数据安全、数据双生和人工智能等领域拓展，为客户提供政务、能源、运营商等领域的全栈数据智能产品、解决方案和服务。

第二，创意数据库。数据库产品团队来源于 MySQL 核心团队，公司的核心技术团队拥有丰富的数据库集群研发经验，并独立开发代码和核心模块。在构建一体化的"国家电网云"平台和建设全业务统一数据中心方面发挥了关键作用，数据库产品已在国家电网公司主要系统中得到应用，国家电网实现了拥有独立可控的关系数据库的目标。

第三，创意 5G。5G 团队专注于 5G、AI 和 EDGE 等技术的创新和应用，并致力于提供 5G "端" "管道" "边缘"系列产品和解决方案，通过独立的核心技术聚合具有上游或下游价值的企业。目前，公司的 5G 团队创智联恒提供自主开发软硬件物理层解决方案。

第四，创意物联网。物联网团队的重点在于通信基站动力与环境监控，提供通信基站/机房运维信息化系统，致力于打造安全、便捷、高效、节能的智能化监控综合解决方案。

第五，创意云计算。数据管理平台一体机 CDS，基于 CDM 技术，以原有格式、永久增量方式，不断采集多种源目标数据，存储在二级数据服务平台，为用户提供数据保护、数据分析、开发测试或数据迁移等服务。

二、大数据应用云平台项目

通过"硬件+软件+服务"的集成，为环保、电力等不同行业的用户、服务提供商、数据管理者、基于云计算的消费者提供经过可视化数据模型管理平台深度处理的核心产品和服务。大数据应用云平台项目如图 4-9 所示。

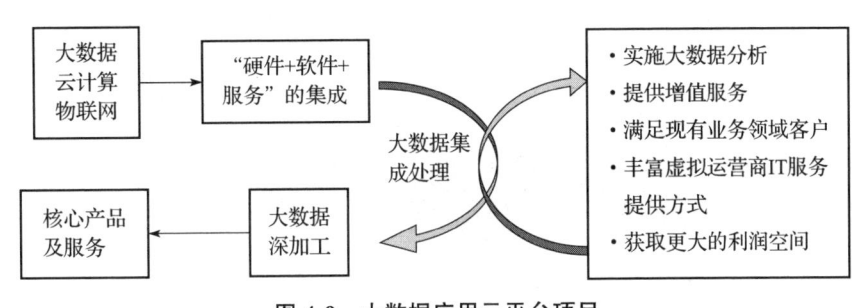

图 4-9 大数据应用云平台项目

通过实施"大数据应用云平台和新一代智能网络通信研发与应用实践项目"，开展大数据分析和提供其他增值服务，一方面可以帮助公司以现有产品为切入点，建立具有自主知识产权的大数据平台，更好地服务现有业务领域的客户；另一方面可以利用云平台通过大数据分析解决虚拟运营商在实际业务发展中遇到的困难，为他们提供差异化服务，丰富提供给虚拟运营商的 IT 服务的方式，从而获得更大的利润空间。

三、结论与启示

在数字平台的驱动下,创意信息技术股份有限公司使用大数据分析等方法来解决企业面临的一些问题,并为许多领域提供差异化服务,从而创造更多价值,实现利润增长。

(资料来源:笔者根据多方资料整理)

3. 平台生态"工程师"

在平台生态系统中,一个合格的"生态系统工程师"应该具有如下特征(见图4-10)。

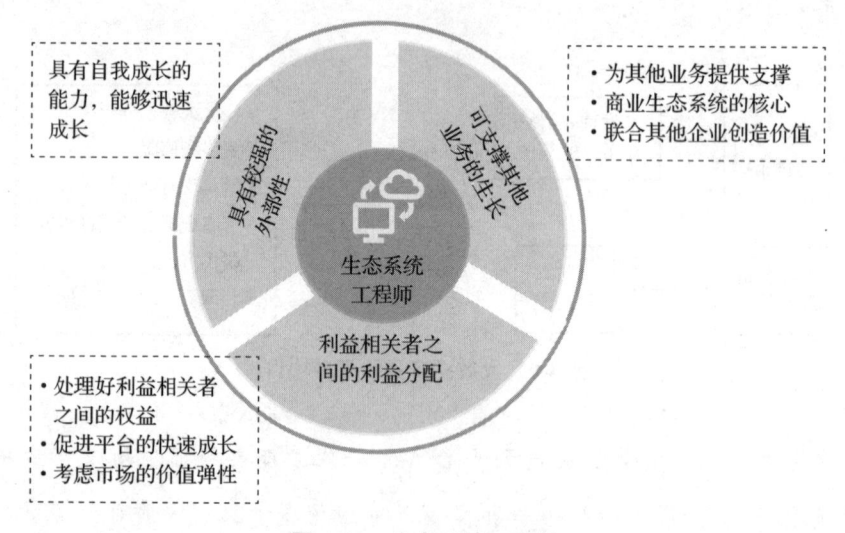

图 4-10 生态系统工程师

第一,具有较强的外部性。可以在某些补贴的投入下快速成长,并获得自我成长的能力。平台生态的基础业务也应该具有类似的能力:首先,它能够快速增长;其次,它能够在达到一定阶段后自我增长。就平台业务而言,这两个特点在很大程度上取决于业务本身的网络外部性。

第二，可支撑其他业务的生长。平台生态系统的基础业务必须能够支持其他业务。如果一个企业能够为其他企业提供强有力的支持，那么即使它本身不能带来直接利益，也可能是一个很好的基础性企业。

第三，利益相关者之间的利益分配。要促进经济生态系统的快速增长，解决利益相关者间的利益分配问题是关键。通常，为促进平台的快速成长，平台企业都会补贴其应用，所以企业很有必要考察哪方面的市场补贴效应最佳，以便将投资重心放到该突破点上。在这一过程中，企业决策应当充分考虑市场自身的价值弹性。

4. 平台生态架构设计

在系统的架构设计中有两个主要问题需要考虑：一是确保平台建设者对整个平台的控制；二是充分调动整个生态系统中利益相关者的积极性。基于这两个考虑，模块化体系结构应该更加合适。

在使用模块化结构时，环境建设者并不要求在各个模块中遵守一定的规范，每个模块内部的规范制定权限下放给模块。在分配模块资源时，要注重保证模块内部的功能独立性。通过使用模块化建筑，生态建设者运用所掌握的固定的建筑标准，更好地领导一个生态系统，另外，也给建筑模块的独立发展留出了余地，允许它们自由地对新形势的挑战做出反应。此外，从风险管理的角度出发，模块化结构对于生态系统的开发也是十分有利的。即使组件的功能已经不再适合实际环境，甚至在市场中遭到淘汰，也不会对整体系统产生太大的危害。

一般来说，每一个已建立的平台生态系统都是在长期的探索和碰撞中形成的，而这种碰撞本身就是一种平衡状态。为了促进改造，生态建设者需要承担改造成本。在这个过程中，生态建设者需要考虑的最重要的问题是在新旧系统之间找到平衡，并尽可能降低成本和减轻过渡的痛苦。

三、平台化转型之路

平台转型企业运用精细分析来监管资产并优化服务，改善个人和组织间的交流与合作方式，彻底改变管理方式。在数字化时代，传统企业必须建立数字化服务，向平台化转变，以支持传统企业运用原有的客户群、基础设施以及信息技术来优化业务流程、重整生产流程和整合资源，但在转化过程中，必须找到正确的转化路径，才能更好地实现发展。

1. 生态平台的问题

目前，大部分的统计平台都是采用 Hadoop 环境，并以 Yarn 为资源信息管理与调度系统的核心组成部分。但这类网络平台普遍存在如下问题。

①资源弹性不足，不可能根据需求自动扩容。大数据系统资料的峰值通常存在明确的时间性。在离线分析中，日计算任务资料的峰值通常在 22：00 之后。每周和每月报表的计算任务的高峰期，通常是在某个确定的时点。离线运算中有时会有突发的运算任务，因此必须对历史数据做好统计分析。而目前的大数据系统一般没有资源弹性，无法按照要求迅速扩充，以适应业务高峰，突发运算任务可以预留相应的资源，确保任务可以正常响应。

②资源使用率低下。数据库密集型的服务 CPU 利用率低，如日志保留和流量库存，长期以来一直低于 30%。尽管计算服务的 CPU 消耗很高，但是数据库的资源利用率却不到 20%，大部分资源都闲置了。

③资源间隔不良问题。从 Hadoop2.0 版起，Yarn 就采用了 cgroup 进行了 CPU 资源间隔，并采用了 JVM 所提出的内存间隔机制进行存储器

资源间隔。磁盘 IO 与网络 IO 之间的各种资源间隔，仍在社区中探讨。社区支持在 Hadoop3.0 中通过类路径间隔来减少各个版本的 jar 包间的资源冲突，但并不能够做到更彻底的文件系统间隔。总体而言，由于 Yarn 的各种资源隔离还没有完成，当许多任务都在同一个工作节点执行时，主要任务之间会发生各种资源抢占问题，从而对主要任务也会产生影响。

④系统化问题。由于大数据分析体系没有完整的管理界面，也没有路径控制、网络管理、磁盘管理等基本功能，所以，大数据管理平台的发展通常要求对管理体系实行深入标准化，但是实际中存在工作量大、系统管理程序复杂、平台迁移麻烦等问题。因此，大数据平台必须实现对大数据分析组件 UI 网页的访问。在大数据平台的构建中，为能够浏览组件的 UI 网页，通常必须单独开通网关或设置附加路由。但许多时候，这种设置并没有规范的接口，不能自动化，而且难管理。

⑤业务管理方法的不一致。尽管在线服务与大数据业务分属不同的服务类别，但业务管理平台所提供的服务功能却是相同的，主要提供资源管理、业务信息管理、权限管控、可视化显示与操作等服务功能。但是，业务管理方式的不统一，以及基本架构与运营管理模式的差异，使得在线服务与大数据业务往往要开放给不同的平台，由不同的工作团队操作与维护，这就增加了人力资源投入，并导致人力资源浪费。

2. 平台化转型的基础

业务云化可以支持公司各种服务的定制设计，并使得服务彼此分离。比如，当交易平台化时，公司需要在一个交易系统中同时支持不同的交易模型，以及实现不同的服务。业务平台还可以支持更多行业建设，并利用平台上丰富的组件与功能为行业发展提供更有力的技术支持。随着数字渗透率的逐步提高，公司还可以通过平台化技术实现行业协同，更好地进行服务创造，从而完成全环节、端到端的整合服务。在实施数字化平台化转型时企业应该具备如下基础（见图4-11）。

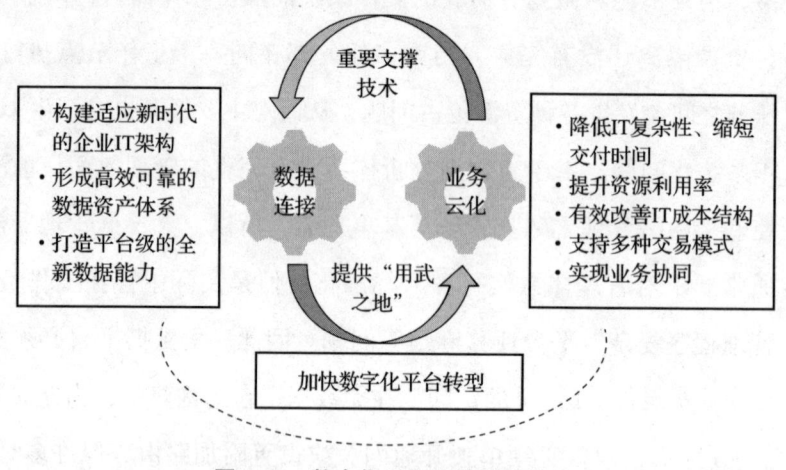

图4-11 数字化平台化转型的基础

（1）业务云化

云计算技术步入了从概念到实际、从着陆到使用的爆炸性时代，成为数字化转型的关键基础技术，并能够降低IT复杂度，缩短支付时间，让服务过程更为便捷，从而提升资金使用率，有效改善服务成本结构。在云计算技术的基础上，大数据挖掘、人工智能和物联网等应用领域快速发展。所以，中小企业通过云服务来促进数字化发展是必然的方向，这已成为行业共识。

（2）数据连接

在传统公司底层IT架构下，新旧IT体系中沉淀的数据无法打通，而在多云环境中，公司内部数据间也无法迅速衔接。分散在各处无法融合的大数据，既无法很好地支持公司运营策略，也无法很好地处理高速多变的前端服务。如何跨越发展瓶颈，建立符合新时代的公司IT结构，以阿里巴巴、华为等公司为首的国内外顶尖企业，纷纷提出"数据中台"

的概念。

第一，数据中心是公司数字化转型的必要产品。在当今迅速变革的外部环境以及激烈的国际竞争中，公司须借助一种机制把传统的IT架构和各种类型的大数据连接起来，结合新旧模式，利用孤岛资源，积淀大量数据资产，迅速形成数据服务力量，为重大运营决策和精细化运营管理提供保障。

第二，成为公司各种服务领域所需数据服务能力的主要供应商，利用公司的平台实力，逐步建立一个更加有效安全的数据信息资产管理体系，从平台层次上提高公司新的数据处理能力，支持公司真正利用数据信息，推进公司的数字化转型进程。

3. 平台化转型的关键

平台发展主要涉及人际关系、技能、业绩、组织和文化发展等五大方面，并建立了能力数字化、绩效颗粒化、结构柔性化、文化利他化、关系多样化"五个现代化"平台模式。平台化转型的关键在于企业平台管理模式的均衡发展和融合。企业在平台化转型中要以关联为纽带、以职能为导向、以业绩为结果、以组织架构为基石、以企业文化为灵魂，在五大方面实现动态平衡。

（1）能力数字化

资源数字化平台企业通过建设资源数字化业务经营管理体系，可以随时处理企业经营数据，分析资产性能，完成应用与应用之间的衔接、平台与平台之间的互联，从而完成企业组织的结构微粒分解。数字化运营管理促进了平台化企业的战略性资产的有效运用，通过利用其他平台调动大量社会资本，企业有效利用这些资本，可减少企业的重复投入，创造最大剩余价值。平台企业运用数字信息技术，低成本地快速发展业务，高效创造价值，持续减少交易和摩擦的成本，并以低成本持续优化企业结构，迅速提升企业竞争力。

（2）绩效颗粒化

和常规的员工管理目标不同，平台绩效是以数据计算为基础，对团队中的各种因素做出全面的粒度分解与评估。基于网络的技术评价，通过数据手段引用大量非经营性数据，针对不同作业行为和不同业务实体所获取的不同信息做出判断。评价层次和评价范围的粒度可以无限细化到每分钟和每秒钟，大大提高了准确性和透明度。平台绩效数据模型系统地解析了绩效变量，探究了绩效评价指标体系和业绩之间的关系，不断优化评价指标，实时反馈评价结果，及时介入，优化评价对象的行为，最终提高组织绩效。

（3）结构柔性化

平台化公司的管理变革，使原来的清晰封闭的企业结构转为扁平化、网络化、开放化、无界限化的网络平台生态。网络平台内的人员与协作方，已经变为网络平台上的信息资源集成单位。网络平台上的各个单位，均能够选择和整合平台上的合作方，并随时使用网络平台上的各种资源。网络平台以其强有力的基础设施和资源共享、灵活多样的分配与利用方法，有效地调动了各方的工作积极性，快速壮大了规模与影响力。

平台组织架构灵活，它既可以被看作一个颠覆传统的市场法则，聚合了各方资源的新商业模式，也可以被看作一个优化企业内部管理体系，调动企业全员创新的组织方法，还可以被看作新行业探索的方向，围绕着现有数据把行业推至新运作阶段。

（4）文化利他化

基于平台的公司文化的灵魂是社会利他主义，并赋予了个人更强烈的社会使命感。公司文化发展的关键，在于个人对公司文化的了解与接受程度。利他的公司文化是自我激励的重要力量。同时，公司内部一致的核心价值理念、观点和行为是公司强有力的精神支柱，它能使成员形成身份认同感和安全感。

传统的战略管理思维方式要求建立一种对抗竞争对手的可持续竞争优势，然后关闭大门，严防死守。今天，诸如信息匮乏、分销资源稀缺、市场覆盖面不足以及商品和服务缺乏等竞争障碍已经瓦解，身处数字化时代的企业必须放眼数字连接大循环的开放平台，寻求共同创造与发展之路。

（5）关系多样化

企业的发展最终是由人的创造力驱动的，所以人的界限也就是企业组织的界限。平台管理将有助于公司建立一种无界限的管理，并提供了一种能够无限拓展的商业模式，最大限度地释放个人的创造活力，进而逐渐转为一种更高级的平台组织。策略选择、组织结构变革以及公司文化提升，都必然影响公司管理层之间的关系、公司与外部用户的关系和公司与其他公司之间的合作关系。

平台化转型关键因素如图 4-12 所示。

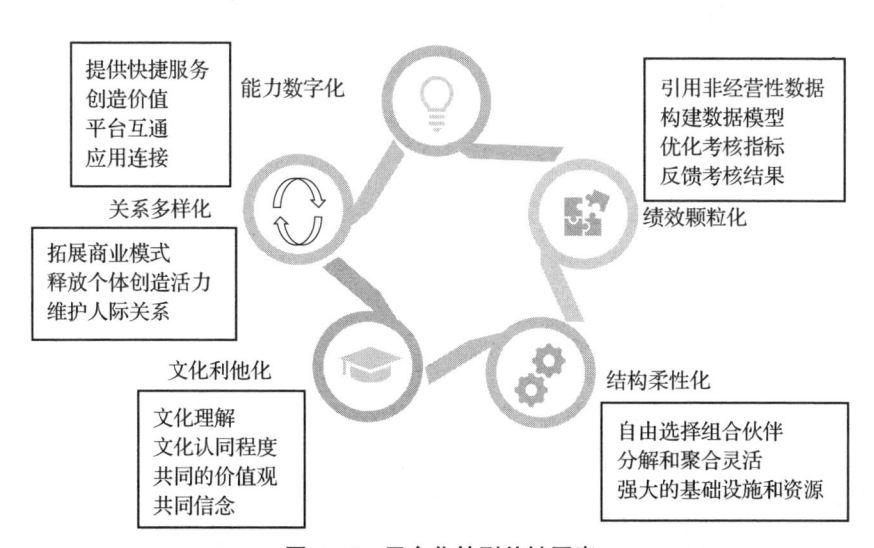

图 4-12 平台化转型关键因素

在数字化时代，人与人之间的本质关系是变化的，平台化企业更加注重个人的独特性。当人和人在职场上的聚散变得灵活多样时，平台化企业的人际关系就是互助、共情，实质上就是回到了人类的根本需求——支持和尊重。

4. 平台化与生态化

平台对生态系统的影响符合世界发展的两大趋势。

第一，去中介化。让连接更加直接，让信息更加透明，平台上的供需双方直接联系，联系得越多，这个生态系统的创新和反应就越快。就像淘宝上的买家和卖家一样，他们可以直接沟通，这样卖家就可以直接了解买家的需求，并有针对性地进行创新。

第二，去中心化。如果要适应消费者越来越个性化的需求和多元化的要求，就需要在早期阶段协助更多的供货商完成转型，从而形成安全的供货商体系。授权得越成功，平台就能发展得越好。

> **平台生态专栏 3**
>
> ### 国脉科技：通信服务新发展

国脉科技股份有限公司成立于 1996 年，注册于福州市马尾国家级高新技术开发区，是中国领先的信息和通信技术外包服务提供商。公司的定位为第三方电信外包服务提供商，自成立以来一直致力于为客户提供标准规范化、跨多设备制造商的完整而丰富的通信服务解决方案，经历了电信运营和维护外包市场从萌芽期的探索到蓬勃发展的成长期的演变。自 2016 年以来，公司重点实施物联网发展战略，以物联网、大数据、云计算等为新动能，以福州理工学院"讲师+工程师+技术股东"产教结合模式为技术支撑，打造"物联网+大数据+人工智能"产业生态运营平台，推进公司完成从"国家服务脉搏"到"国家技术脉搏"再到"国家平台脉搏"的战略升级，力争在新经济时代占据先发优势。

一、深厚的技术研究储备

公司多年来积累了丰富的ITC技术和服务经验，在系统平台实践中，为金融、医疗、教育、交通等领域的运营商和行业客户提供专业的ITC平台规划、设计、集成和维护服务。同时，公司坚持"尖端、基础、战略"的科研理念，坚持"高可靠性、低成本"的技术创新路线，继续投资物联网、大数据等全球科技热点，拥有具备自主知识产权、海量存储和大数据解决方案的云平台，广泛应用于交通、医疗卫生、电信、教育等行业，如上海医疗网络数据中心、福州安全城、大学智能虚拟大数据中心等项目。

国脉科技技术研究储备如图4-13所示。

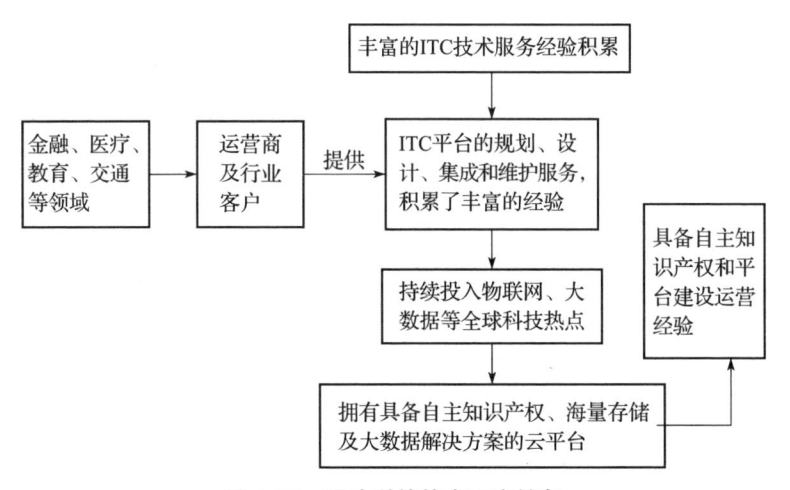

图 4-13　国脉科技技术研究储备

二、公司平台运营发展

目前，公司正在建设一个全国二手车第三方安全认证平台，有望在物联网领域取得突破性进展。该平台以物联网信息服务平台为基础，以车辆互联网技术为核心，在车辆上安装车辆联网控制单元（TCU）等设备，实时采集车辆技术参数、运行数据等，集成车辆全生命周期大数据信息，形成车辆安全认证信息库。

全国二手车第三方安全认证平台运营发展如图 4-14 所示。

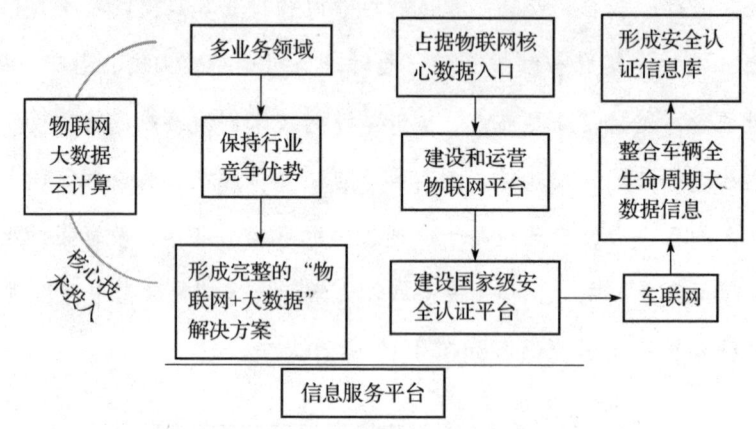

图 4-14　全国二手车第三方安全认证平台运营发展

公司不仅在电信设计咨询、规划、系统集成、平台运营和维护等原有业务领域保持了行业的竞争优势，而且确定了"国家技术脉搏"的发展战略，不断投资物联网、大数据、云计算等领域的核心技术，形成了完整的"物联网+大数据"解决方案，在智能硬件和平台核心设备等关键领域也拥有自主知识产权的核心技术。从布局上看，公司占据了物联网的核心数据入口，利用先发优势在交通、医疗卫生、电信、教育等行业建立和运营物联网平台，并在财政支持、基础设施建设、公共信息资源共享等方面得到了有力支持。

三、结论与启示

公司信息服务平台与传统产业的深度整合，将改变传统产业的运作模式和成长方式,通过信息服务平台实现传统产业互联化是公司的发展趋势,信息服务平台已成为公司未来发展的战略性、基础性和主导性支柱。公司还对物联网进行了重大改革,物联网代表了新一代信息通信技术。物联网正在加速向现实生产力转变,从工具和产品到重塑基础设施和关键要素的生产组织,深刻改变了传统产业的形态和人们的生活方式,催生出一大批新技术、新产品、新模式,引领全球数字经济浪潮。物联网对传统产业的再造,将衍生出更多创新的商业模式,并带来巨大的发展机遇。

(资料来源:笔者根据多方资料整理)

四、平台生态圈模式

平台业务模式由核心竞争优势、运营管理模式、客户服务模式、盈利模式和利益分配模式组成。供应链平台生态系统是一种服务于供应链的新模式,对优化供应链、提高供应链管理效率具有重要价值。基于"互联网+"的供应链平台生态系统商业模式经历了物流服务导向、物流和金融服务导向以及增值服务导向的不同阶段,包括广度供应链平台生态系统和深度供应链平台生态系统等类型。

1. 供应链平台模式

优势资源融合是供应链平台生态系统的基本特征,既是平台生态系统获取巨大竞争力的主要源泉之一,也是发展供应链平台生态系统的主要创新途径。通过集成所有的优势资源,供应链平台能够统筹产品开发、制造、营销、结算等全过程,聚合行业内各地拥有资源优势的合作方,使整个供应链平台生态系统具有更强大的实力。同时，供应链平台与自然的生态体系还可以促进企业合作，减少经营风险。

企业转向打造供应链生态系统，背后的根源就是企业生态意识。中小企业需要借助基于平台的供应链方式，再造既有的企业生态体系，建立一种全新的、共赢的产业生态系统。对中小企业运作方法和经营管理模式的整合升级，是中小企业建立基于数字化和网络的供应链生态系统的主要推动力。供应链平台生态圈如图4-15所示。

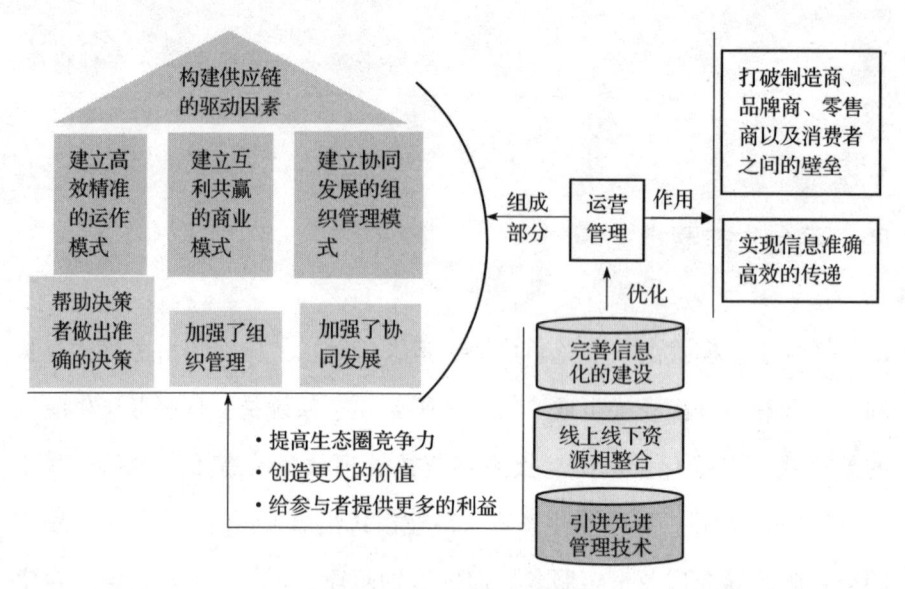

图 4-15　供应链平台生态圈

第一，建立高效精准的运作模式。通过生态系统的建设，供应链中的企业将积累大量的数据，借助大数据技术，可以有效定位终端客户的需求，并在较短的时间内反馈给供应链中的各个参与者，最终帮助决策者做出准确的决策。

第二，建立互利共赢的商业模式。在生态系统中，由于企业间的联系，资源投入将更加优化，使整个生态系统中所有企业的经济效益最优化，达到可持续发展。

第三，建立协同发展的组织管理模式。随着网络与大数据分析的广泛应用，生态系统更加高效地连接了供应链的上游或下游，使得公司内部可以实现更多的跨境协同，组织管理也越来越强调协同发展。

经营管理是供应链平台生态系统中不能缺少的一部分，经营模式将直接影响平台生态系统的运营。一种良好的经营模式的另一个关键功能，就是打破制造商、品牌商、零售商与消费者之间的壁垒，实现精准高效的信息传递。要进行经营模式的优化，一方面要逐步完善信息化建设，整合线上资源与线下资源；另一方面要逐步完善O2O和终端众包等经营模式，通过网络平台提升线下实体店铺所提供的信息服务。另外，要引入一些前沿的管理技术，建立规范化、标准化的管控过程，让整个管理流程的运作更为细致透明，进而更高效地激发供应链平台的交流和协作，增强整个生态系统的综合实力，从而创造更大的社会价值，给参与者带来更大的投资收益。

2. 价值链生态模式

供应链网络平台业务不断地向纵深方面发展，必然伴随着创新与变革。创新途径主要包括：整合优势资源，构建独特的竞争优势链网络平台生态系统；优化经营模式，构建有效协同的供应链网络平台生态系统；延长业务链，构建深入业务的供应链网络平台生态系统；增强资源共享，构建高增值供应链网络平台生态系统；形成合理的利润分配机制，创建一种共赢的供应链网络平台生态系统。但是，由于供应商市场竞争加剧，依靠传统物流配送与仓储业务的供应链管理公司获得收益的空间越来越小，这些公司也将面对转型升级的巨大挑战。在这样的市场环境下，增值业务的高营利性将成为市场发展的主导趋势。而增值业务供应商将以顾客需要为中心，通过内部资源的再整合，为顾客提供具有高附加值的服务，增强其市场竞争力，从而建立长久稳固的战略合作伙伴关系，这将是中国供应商的一个全新的生存模式。

在供应链平台生态系统转型前，使用该平台的公司必须对行业的发展现状、变化，以及用户要求的变化有一定的了解与认识，以便扩展业务链条。业务链条的扩展不但可以为供应链上游的产品设计、制造、开发等节点带来全新的产品方向，也可以给在供应链下游的营销、服务、维修等公司带来有效信息与提供指导。唯有进一步延伸业务链条，公司才能进一步推动业务纵深发展，从而获得更好的发展。但是，企业想要实现更大的平台价值，必须做好纵深方面的服务工作，让整个供应链平台处于良性循环中，并不断交流，促进物流管理信息更加高效地传播，实现平台的整体价值。

供应链平台生态系统的优势主要来自各部门和环节的资源共享。所以，提升企业服务生态系统功能的首要方法便是增加资源共享的力度。只有全面实现自然生态体系内的资源共享，才能充分发挥整个系统的重要功能。在实际资源的整合与共享活动中，首先统计各类资源的种类与特点，然后在不减少其使用功能的条件下，统一分配资源，并最大限度地使用资源，从而实现最大效益。

供应链平台生态系统的健康发展离不开各环节间的充分协作与良性互动，而这种合理的利益分配制度又是保障整个供应链平台生态系统健康发展的基本条件。合理的利益分配制度，既可以保障整个平台的顺利运营与功能的正常发挥，又充分调动了公司内部在物流管理方面的积极性，使得整个平台积极主动地运转，以便获得更多的经济效益，创造更多的社会效益。利益分配制度的设定，必须充分考虑各个企业所能承受的经营风险、企业的发展能力以及社会资源投入情况等，唯有如此方可获得各个企业的认同，使其都对供应链生态平台系统有信心，从而实现企业利益的合理分享，创造互惠共赢的和谐格局。

然而，目前大多数企业仍停留在供应链概念的宣传上，对供应链的认识还很肤浅，能够达到实际运作水平的寥寥无几。在大多数企业的商业模式中，供货商、生产者和分销商都是完全独立的，在供需双方共同供给的基础上建立自己的生产闭环结构，土地、人力、资金、科技、经营信息等都是"独立的"，没有共享。因此，要实现供应链平台生态系统的建立，还有许多问题有待解决。

平台生态专栏 4

普路通：提供智慧的供应链服务

深圳市普路通供应链管理有限公司自成立以来，一直为客户提供智能化的供应链服务，创新性地为客户提供涉及物流、业务流、资金流、信息流和工作流的供应链改进方案并协助客户实施，为客户提供包括供应链方案设计与优化、采购与配送、库存管理、资金结算、清关物流和信息系统支持在内的供应链综合管理服务。目前，公司的供应链管理服务主要集中在电子信息领域，随着公司的快速发展，业务已覆盖医疗设备、食品、酒类等行业的代理、进口等，成为国内供应链管理服务行业的龙头企业之一。公司经营收入和净利润连续几年保持持续稳定增长的态势，业务逐渐从简单的供应链领域转向多元化的现代领域。

一、全球交付平台

1. 海外交付

海外分布式资源使企业能够为客户提供高质量、低成本的服务，企业拥有支持海外交付模式的流程和信息系统，可为客户提供海外交付的服务，交付模式组合取决于客户的位置和可用资源的位置，能为客户提供最好的服务。

2. 国内交付

在国内，企业与各大交易平台建立合作伙伴关系，为客户提供各种交付模式，将打造"人才+服务+运营+交付"的完整产业链。

3. 全球交付平台的优势

第一，高效快捷的交付。不同时区的多个配送中心使工作交接更加迅速。

第二，客户能够充分利用大量的优质资源。通过海外交付模式，客户能够接触到海外多领域内的优质资源。

第三，交流更便捷、反馈更及时。在岸和近岸资源也被整合在了海外交付模式内，因此交流和反馈效率得到更大的提升。

全球交付平台如图4-16所示。

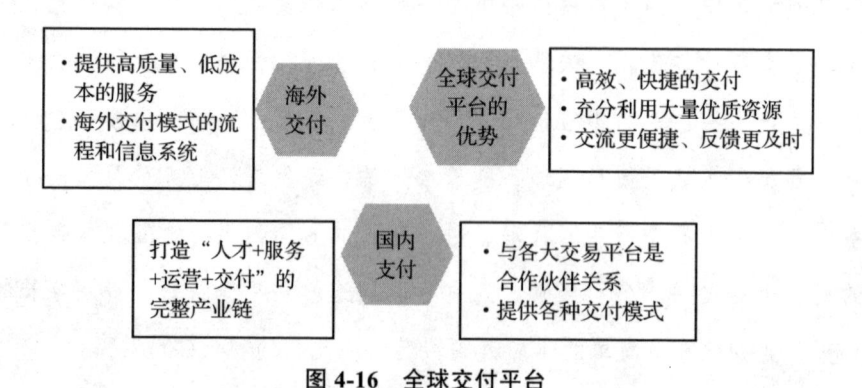

图4-16 全球交付平台

二、ICT领域B2B服务平台

B2B服务平台能够满足信息和通信技术领域客户的需求，为各类客户提供专业解决方案，最大限度地满足客户对信息和其他环节的控制。

依托 ICT 领域的 B2B 服务平台，普路通与客户密切沟通，提供细致周到的服务，促进供应链领域不断创新。信息和通信周转需求技术更新迅速，交易层级透明，价格易调整下跌，供应链周转要求高，公司与客户建立良好的沟通机制，及时准确掌握上下游企业的供需要求，为上游或下游企业搭建桥梁，为客户提供一整套的供应链管理服务，包括采购、清关、仓储、物流、销售等，帮助客户专注于自己的核心业务，降低成本和提高效率，提高综合竞争力。

ICT 领域 B2B 服务平台如图 4-17 所示。

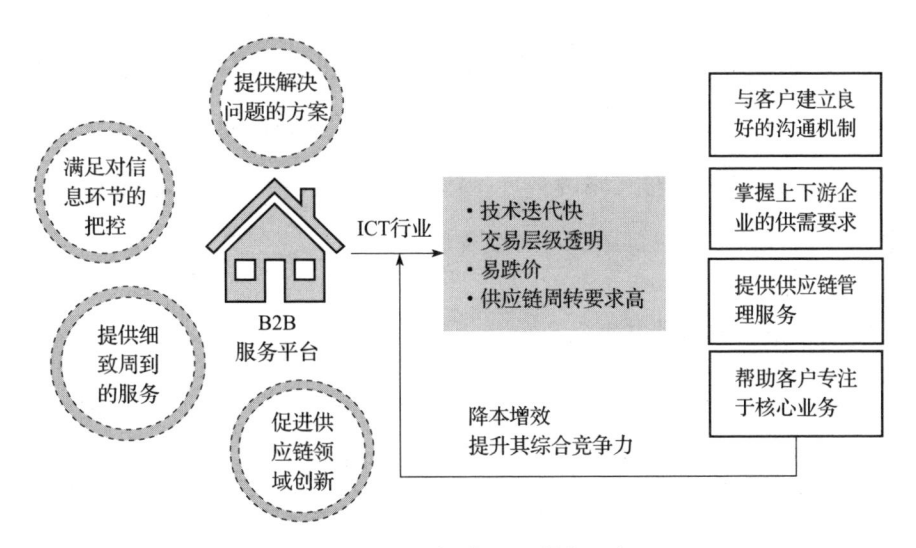

图 4-17 ICT 领域 B2B 服务平台

三、结论与启示

普路通利用服务平台和信息技术，搭建信息应用服务平台，为城市居民、企事业单位提供全面、统一的移动信息服务接口。近年来，城市服务平台成为社会各界普遍关注的焦点，逐渐成为驱动社会变革和经济发展的有力推手。服务平台的信息化将对经济、社会等的发展起到重要的促进作用，为构建和谐社会做出重要贡献。建设的意义在于通过科学技术的进步，结合市政、人民生活、企业等城市生活所需的综合服务，以建设城市共同信息服务为主要目的，依托信息技术和知识管理能力，为客户提供更为细致的服务。

（资料来源：笔者根据多方资料整理）

目前，我国平台经济发展总体形势良好，但也存在一些平台企业发展不规范、开放程度不高等问题。专家学者就如何提高平台的标准化程度、建立公平竞争的市场秩序、促进平台企业在标准化中的健康发展等进行了探讨。一些专家认为，在高速增长的同时，平台企业的标准化程度有待提高。基于规则的规定性是数字经济平台企业的一项重要的基本要求。中国应加强对互联网平台，特别是一些大型平台的整顿和治理，促进平台经济规范、健康和可持续发展。

3. 平台企业价值共创

从生态系统的视角出发，平台企业将获得大量的新客户，但因为主要参与者间的松散耦合结构，价值共同建构主体将受到体系中大量成员价值观与其价值观不统一的冲击，导致系统冲突等。基于认知失调的学说，一个人如果同时接受了两种或更多与他人个人观念相冲突的资讯，又或是与他人共同进行了与个人信念或观念相对立的活动时，就会经历一种心灵不适过程。因为生态系统的开放性所引起的对成员观念的不一致，将影响参与者在与其他人的价值主张相互作用的过程中继续参与价值共创的意愿程度。

价值共创，是参与者利用其价值主张的统一性，有目的地整合资源，共同创造新价值，从而实现价值关联。首先，在这个由众多利益相关者价值诉求所构成的网络上，参与者通过网络寻找并共享知识，然后因为价值诉求的特殊性而受到广泛关注，之后参与者通过主观的认识和选择进行双向交流。其次，在价值联合创新过程中，参与者通过实际活动与他人交流，在所参与的价值创新活动中双方相互作用，不可避免地获得了新身份认可、情感期待等认知。当新的价值认知与先前的认同、热情态度、信任预期等保持一致时，感受更快速、情绪愉悦、互动性增加。相反，当消费者参加活动时的感受与上述预期不相符时，更容易产生反感并有压力，要么影响其内在一致性，要么就把已有的价值认识抛弃给全新的价值理念。最后，参与者必须向后退一步，反省其自身的参与历程，以获得对参与主张适合度的更深层次了解与认知，以及在最后形成继续参与意愿的基础判断。也就是说，参与者持续合作的意愿程度会随着加入时机、投入程度以及参与者认知状态的变化而改变，消费者在参加活动过程中所感受到的角色模糊、利益冲突，以及机会主义等开放陷阱也会影响参与者的价值评判，从而影响他们之间持续的协同创新。

章末案例

四维图新：充分发挥大数据优势

目前，中国的自动驾驶行业中仍存在着传感器辨识、大数据网络数据传输等技术难题。并且，目前国内的自动驾驶技术水平还远远未到L5级技术的实际应用水准。在这种状况下，自动驾驶产业将一直处在关键技术研究阶段，这对资本能力相对欠缺的公司而言并非好消息。因为自动驾驶是一个高投资的行业,在关键技术应用还没有充分落地的状况下,如此高昂的研究投资必然会让四维图新的资金链变得更加紧张。在这种情况下,四维图新积极转型,充分利用大数据生态系统,积极创造更好的服务,努力带领公司走在数字经济发展的前沿。

一、公司简介

北京市四维图新科技股份公司(以下简称四维图新)创建于2002年,是国内领先的提供数位地图服务内容、汽车联网、动态城市交通信息咨询服务、位置信息与商务智慧方案的综合供应商,一直致力于为国内外顾客提供专业、高品质的地方信息产品与咨询服务。历经二十年的发展壮大,企业现已形成了大集团股份制公司体系,成为世界第四大数位地图服务提供商和国内最大的数位地图服务提供商,企业产品与咨询服务已充分适应了汽车导航设计、消费者电子产品导航设计、网络与移动互联、政府部门与中小企业发展等的需要。在全国市场上,以四维图新为品牌的数字地图服务、最新动态道路信息和汽车互联业务获得了广大用户的青睐,以及汽车行业的充分肯定。

二、四维图新拥有的资源与压力

市场竞争格局面临调整,市场未来走向的不确定性日渐增强,四维图新的创新技术开发与产品路径要承受住市场挑战,具备竞争优势,就要突破原有商业模式,有效培植具有强大成长能力的新型企业。

第一,遥感卫星、航拍、卫星导航定位系统、野外采集等地理信息资源的获取方式和能力多样化。

第二,国家重视北斗系列的研究和投资,高度重视航天科技发展,四维图新有望成为中国航天科技集团北斗产业链的重要组成部分,充分运用国家级的大规模建设项目提供的平台向更高层次发展。

第三，在进行资本运营和整个产业链布局时，容易获得支持。

第四，在获取技术方面具有很大的优势。

即便如此，随着四维图新的国际化发展，其在人才、资本、技术和市场等领域仍面临来自跨国竞争者的新压力。四维图新的资源与压力如图 4-18 所示。

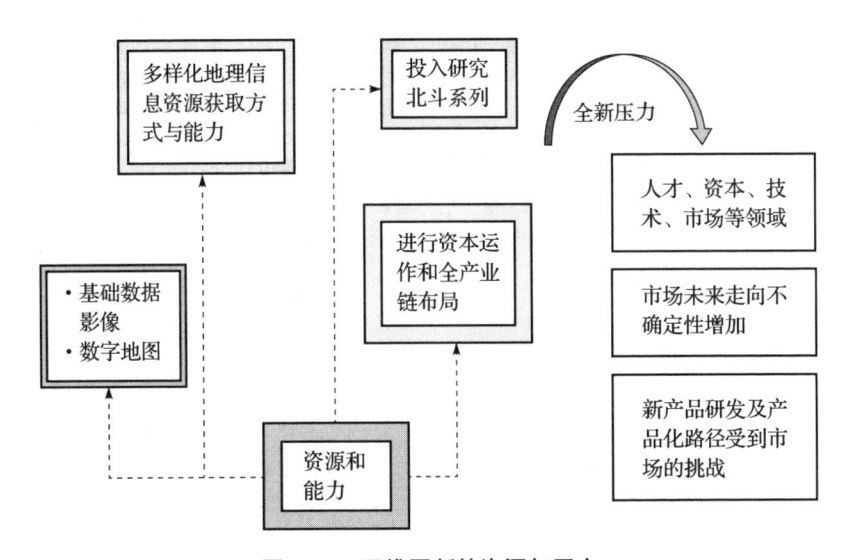

图 4-18 四维图新的资源与压力

三、数字技术平台促进四维图新的发展

四维图新在 CESA 上，全面展现了公司的最新研究成果。在 CES Asia 2018，四维图新分享未来智能驾驶技术，包括自主行车解决方案、芯片以及智能汽车交互与定位。在数字经济发展的浪潮中，导航信息系统为无人驾驶汽车提供更加精准的定位，这是传统定位方法无法比拟的。四维图新能够利用云端服务和仿真系统的基础能力，为汽车带来更加精准的定位数据，从而适应自动驾驶的发展要求，提升自动驾驶服务的迭

代优化效率。

数字技术平台促进了四维图新的发展，如图 4-19 所示。

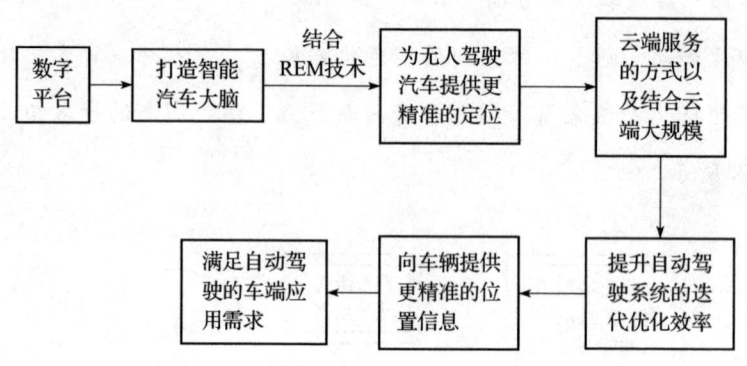

图 4-19　数字技术平台促进四维图新的发展

四、四维图新价值创造

企业价值创造的计量主要从价值创造的能力和价值创造的成长性两个方面考虑。首先，价值创造的能力可以体现企业当前的运营价值和创新成果，其结果也可以从企业获利水平的视角来考察，评价指标可以是企业每股收益净资产收益率以及营业利润率。其次，企业价值创新成果的经营增长也可以评估企业的经营发展，四维图新赋权地图应用系统，提供了"做"地图服务的功能。四维图新建设了一个地图服务公开网络平台，协助企业客户实现传感器数据的价值管理，让企业客户可以更加自主、快捷地更新和发布数据。借助地图开放平台的高度拓展的编制授权和用户界面，四维图新协助企业客户建立灵活的、定制的地图服务闭环生态系统，并提供大数据回程、即时发现变化、实时更新、质量保证、即时发布等业务。

四维图新价值创造如图 4-20 所示。

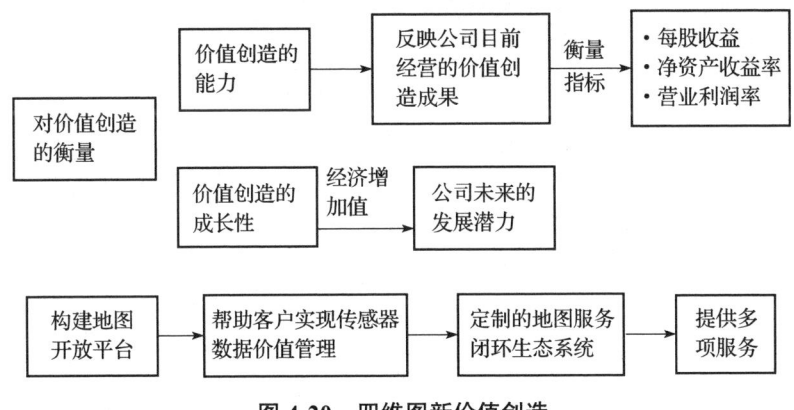

图 4-20　四维图新价值创造

五、结论与启示

四维图新在发展过程中与时俱进，积极创新变革，在导航行业中具有一定的竞争优势。

第一，其运用数字平台不断提高竞争地位，探索更加科学合理的监管方法，建立和完善统一的市场规则和制度体系，是其平台经济实现高质量发展的关键。

第二，许多导航企业经历了百年以来的重大变革，电气化、网络化、情报化时代已经到来。各导航企业应把握中国制造业结构调整的历史机遇，集中科技创造要素，主动融入数字制造业市场，以平台生态学为基石，形成具有竞争性的供应链、产业链、科技链和生态链条。

（资料来源：笔者根据多方资料整理）

第五章

数字生态圈

> **开篇小语**

互联网、云计算、人工智能、区块链、物联网等科技和实体经济的快速发展,为新产业、新模式提供了机会。在转型升级中,数字生态成为最强大的武器之一。数字生态是科技革命和产业改革的一次机遇,是新一轮竞争的关键领域。

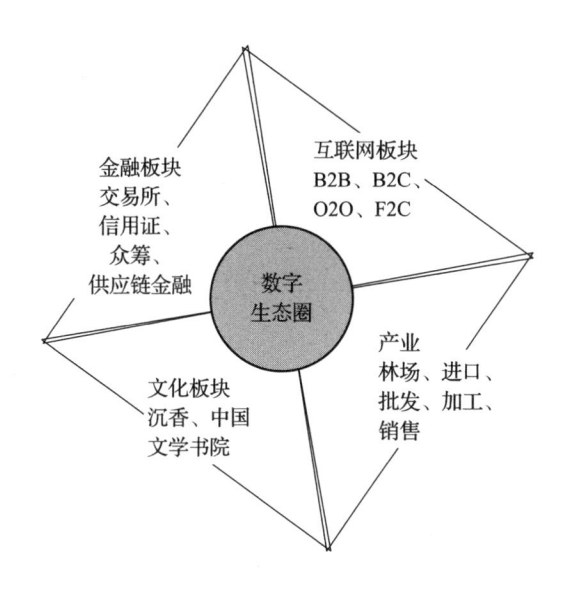

```
       金融板块                    互联网板块
       交易所、                    B2B、B2C、
       信用证、                    O2O、F2C
       众筹、
       供应链金融      数字
                     生态圈
                                  产业
       文化板块                    林场、进口、
       沉香、中国                  批发、加工、
       文学书院                    销售
```

"数字化是一场颠覆式创新,企业想实现战略数字化、业务数字化、组织数字化目标,战略视野和思路的转型尤为关键。'一把手'不仅需要率先成为数字化领袖,还需要在顶层设计上,统一建设数字基建底座,最终实现数字生态圈。"

——青云科技董事长兼首席执行官 黄允松

开章案例

奥维云网：助力家居一体化生态融合

随着大宽带的互联网连接方式的逐步推广，智能信息服务走进家庭成为可能。人们可以通过手机等终端进行互动，方便快捷地享受智能、舒适、高效、安全的家居生活。从行业整合的视角出发，近年来，无论是 IT 行业、家电行业、通信行业、建筑行业、灯具行业等还是音视频厂家都在不断整合，促进智慧家居的蓬勃发展。智能家居依托物联网，将数字服务推进家庭，实现服务自动化，提高服务效率。它所依靠的并非单纯的智能硬件产品，而是通过跨界传统行业产生的各种业务形态与创新服务。智能家居的核心目标就是提高家居与生活服务的整体价值。

一、公司简介

北京奥维云网大数据科技股份有限公司（简称奥维云网）是一家专注于智能家居领域的大数据整体解决方案及服务提供商。公司以开放式大数据分析平台为核心资源，集成整个产业链的大数据系统，形成"数据＋技术＋产品＋场景应用"的综合型大数据服务模型，围绕智慧家居上下游企业，形成多个家电交易大数据分析产品服务线。奥维云网提供全产业链数据分析服务和房地产数据，拥有家电行业的大数据分析服务覆盖网络和数据挖掘算法模型，为客户提供全面大数据分析应用和解决方案、精准的市场营销服务和商业智能策略支撑。公司还为服务行业内的企业客户提供大数据产品和服务，定期就国内外家电行业的运营特点、重要政策问题和产业热点发布行业资讯，受到了业内人士的高度关注与肯定，逐渐建立了"严谨、准确、专业、独立"的业界形象。通过多年的经营拓展，公司已经积累了一大批优秀的企业客户。随着优质用户规模的扩大和产品的不断丰富，公司主营业务收入持续增长。

二、为产业提供增长新引擎

2007年至2021年，我国家电行业发展出现了巨大转变，零售市场规模由2007年的约4452亿元，上升到了2021年的超8000亿元。借着行业发展的东风，奥维云网也在蓬勃发展。奥维云网的文建平曾表示，奥维云网已由一个单纯的零售领域研发部门，转型成为一个迅速、广泛、全面、细致、深度、完整的大数据技术解决方案与服务提供商。公司的三个产品领域分别是家电和炊具、产业链、住宅与家具。在成长进程中，奥维云网不断扩大监测范围和领域，并纳入全新的产品类别和全新的数字监测维度，以迅速、高效地应对新市场需求，同时针对用户的具体服务需要提出了专门的洞察方案和解决办法，深入挖掘市场潜力。

此外，中国家电和家居产品消费升级，奥维云网进一步发布家电及家电行业数据值，进一步搭建家电生态融合平台（见图5-1）。

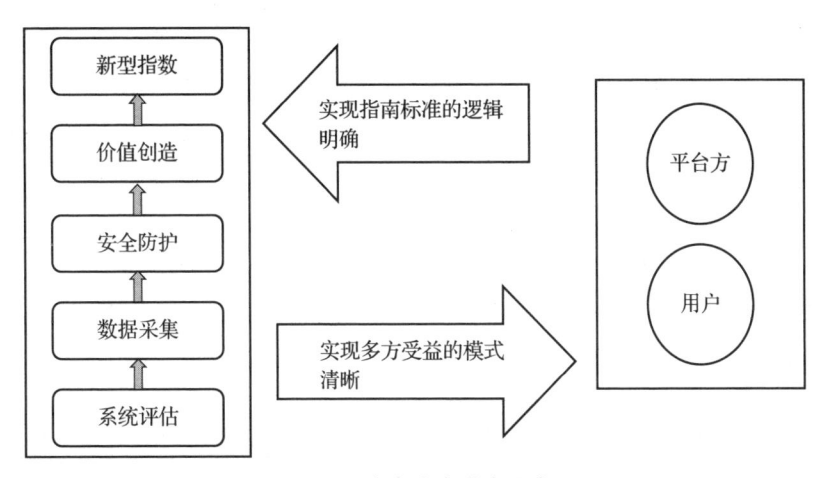

图5-1　家电生态融合平台

在促进家电生态融合方面，奥维云网在家用电器和电子消费产品等领域持续突破、创新技术，促进了与其他领域部分行业的技术融合、科技融合与市场融合，并促进了各应用领域对市场需求的快速响应。

三、构建开放智慧生活场景

场景，就是赋予产品活力，将产品与消费者需求结合起来，通过产品优化，在特定的环境和状态下不断提升消费者的体验。对家电市场来说，场景可以理解为生活场景——饮食场景、睡眠场景、休闲场景、娱乐场景等，这些场景进一步分化并落实到卧室、客厅、阳台、厨房、浴室等实际场景中。

目前，智能家居极大提升了人们的家居生活感受，为消费者重新定义了新住宅的智能家居生活。智能家居的发展趋势是无法阻挡的。智能家居平台的生态系统将不断地向全环境拓展，将集成交通、移动和办公室等多种空间环境的格局，形成一种全新环境。作为中国现代智能家居领域领先的大数据集成解决方案与服务提供商，奥维云网涵盖家用电器、住宅产品以及行业上下游三个重要应用领域，在全新的应用领域中进一步扩展。借助自身的大数据分析与后台计算能力，奥维云网不断引入企业信息治理、BI体系等核心技术的解决方案，这是其他企业所不具有的核心能力。奥维云网拥有三个主要服务领域——家用电器与厨具、产业链、住宅与家具，已经覆盖了整体产业链，并不断扩大范围，添加了新的产品种类和全新的大数据监测维度，实现了对市场需求变化的迅速高效反应，实现横向与纵向双线服务，为顾客创造有效解决方案。

智能家居产业链如图5-2所示。

图 5-2　智能家居产业链

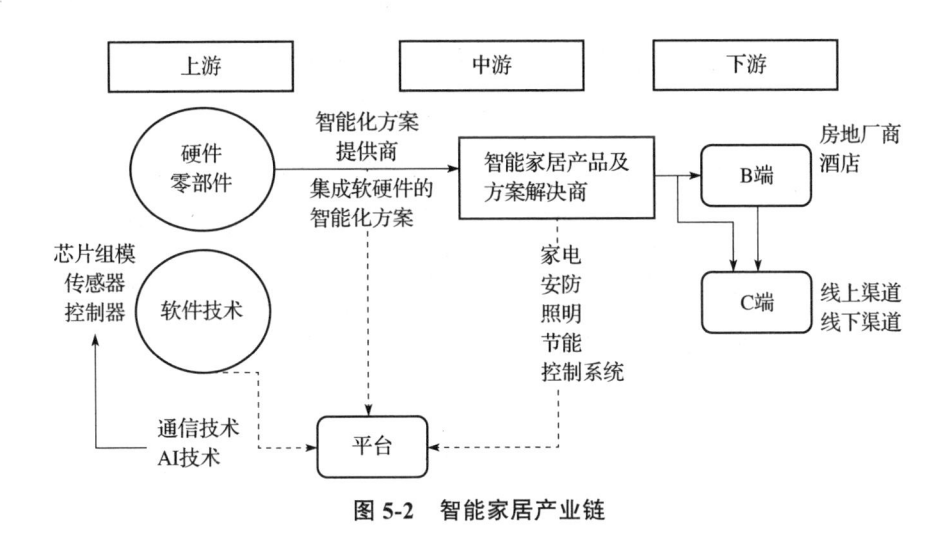

四、促进家电家居一体的生态融合

随着行业的发展，家电集成的进程不断深入，各个企业对家电集成提出了不同的解决方案和投资策略。

奥维云网开发了全场景数据生态系统（见图 5-3），从 SaaS 技术到大数据分析的技术解决方案层面的产品布局，以及从真实产品服务落地到企业和个人零售服务领域的探索，诠释了奥维云网的全新业务方式和服务能力。奥维云网所开发的产品和应用程序，是对奥维云网未来发展有着支撑作用的产品程序。

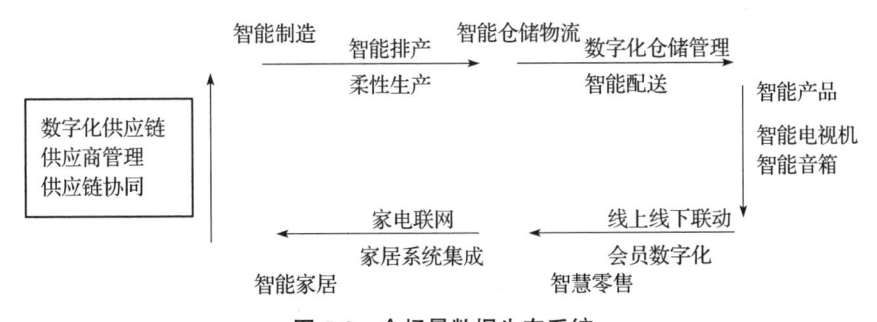

图 5-3　全场景数据生态系统

在大数据分析解决方案方面，奥维云网将重点放到了刚上线的新产品集铺销客上。集铺销客利用自己的科技力量更好地协助中国企业进行线上经营。同时，奥维云网也正全力研发行业敏捷大数据分析平台，能够轻松快捷地进行大数据分析预测。在产品研发层面，奥维云网的研发体系依托多年的数据模型、大数据分析方案、评估系统等数据分析工具，已经成为公司高度认可的价值增长点。在行业研发的基础上，奥维云网将积极开拓行业研发领域的业务，提供案例咨询与项目咨询服务。借助公司多样化的研发业务，奥维云网的整个内部体系逐步提升全面解决问题的能力。

五、总结与启示

第一，打破区隔，深度融合。作为战略性新兴行业，中国智能家居行业的发展势头迅猛，被看作下一个蓝海和风口，其中智慧家电起到了举足轻重的作用。面对家电与家居的融合，企业要一手抓产品一手抓服务，无论是全屋装修还是全案交付，都是对企业交付能力的挑战。奥维云网在力争打造家电领域第一品牌的过程中投入大量精力来打造交付能力。一方面，通过原创技术打造产品的独有特性；另一方面，提供极致服务，这不仅是简单地准时上门，全案交付能力更要达到极致。

第二，创新产品，提高效率。未来家居市场的发展空间巨大。奥维云网应建立家居交易平台、智能家居资源整合平台、家电数字化高效平台，解决家居流程复杂、周期长、效率低的问题，实现全过程的维修可视化、在线实时通信，通过有效的数字化工作让用户感到舒适，满足消费者的消费需求。

第三，打造智慧家庭生态圈。奥维云网提出了企业、渠道、供应链乃至产业跨境合作的生态大会理念，这将对该行业的发展产生深远影响。

奥维云网数字生态大会涵盖家电、住房、环保等板块，打造了家庭智慧领域第一个完整的生态圈，以"硬件侧、通路侧、政策侧、平台侧"的四方合力，为行业发展助力。

（资料来源：笔者根据多方资料整理）

一、探索数字生态圈

1. 大数据企业生态系统

大数据企业生态系统是指在一个区域内建立，以大数据工业化和产业数字化细分行业为基础，聚合上下游产业和服务提供商的资源，以大数据基础设施、相关产品和公共管理服务为辅助，共同实现商业运营的体系，并以此进行循环代谢。数字经济生态圈通常涉及技术领域、技术创新、配套服务、人力资源、基础设施、政府管理等六个维度（见图5-4）。

图5-4　数字经济生态圈维度

随着数字技术的发展，各大行业开始逐渐形成自身的生态系统，跨行业生态模式成为常态。数字生态系统战略具有三个特征。

（1）范围更广，跨界更多

在数据方面，不同的行业正在收集、存储、分析和使用相同或相似的数据，并且数据资产可以重复使用。在技术层面，基础设施、服务环境和支撑服务能够在不同行业逻辑下实现和应用，如地理位置、新闻推送、二维码、人脸识别等。

（2）效率更高

数字生态系统战略的大数据和技术基础可以协助行业全面减少运作成本。因此，用户数据与技术场景信息的共享帮助行业有效降低用户信息获取成本，提高客户获取效率。

（3）效果更强

每一个产业都受益于更广泛的产品和服务，并充分扩展客户的生态范围。在深入培育优势客户群的同时，数字生态系统扩大客户群，促进交叉销售，实现战略经济指标双丰收。

2. 数字生态圈组织架构

推进数字化发展，只有改善数字经济社会环境，并提高数字经济生态系统协同共存效益，才能更有效地推动数字经济社会生态的协调发展。数字生态系统模型是以价值链为依据的，价值链上各企业间的互动关系决定着实体经济的数字化发展必须从生态学的视角寻找出发点。数字生态圈基础如图5-5所示。

首先，从实体经济向数字经济的转变不是单个企业的孤立行为，而是需要政府、企业、服务提供商和其他各方的通力合作。数字环境为参与过渡进程的行动者之间的协同提供了新的机会。通过建立数字生态

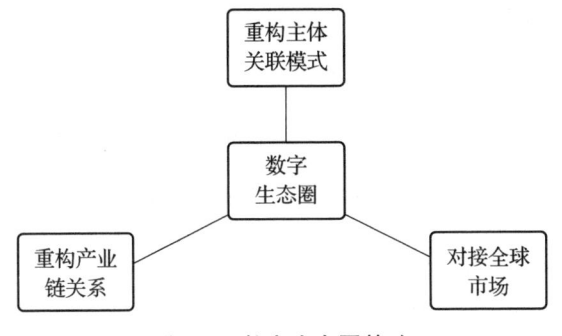

图 5-5 数字生态圈基础

系统，领先企业拥有向数字化转型的经验，该经验可以巩固、推广和复制。中介机构确定共同需求，为企业和行业提供模块化解决方案，克服向数字化过渡的技术障碍，降低过渡成本。政府通过数字生态和服务业主体经济数字化的转变，提供更广泛和更完备的公共领域数字基础设施。

其次，数字化生态可以改造生产链，优化资源配置。例如非洲和拉丁美洲的一些国家，正在采取一系列措施，以加强跨国公司和跨国公司之间的联系。数学生态通过引导产业链上下游，让数字化生态配套公司进行智能供给，以实现整个产业链的安全供给。同类公司通过知识共享、技能共享、能力资源共享、订单分配、员工资源共享等数字管理模式创新，进行人力资源的优化配备，以增强公司竞争力。数字化生态将拉近产业链中制造和消费之间的距离，让制造、贸易、消费与社会有机结合，通过数据分析优化设计、生产和分销，准确连接用户需求，提高供应效率。最后，数字化生态可以连接世界市场，支持双循环。

数字生态圈专栏1

用友网络：生态化的服务平台

用友创立于1988年，是全球领先的企业云服务与软件提供商。用友致力于用创新与技术推动商业和社会进步，通过构建和运行全球领先的商业创新平台——用友 BIP，服务企业数智化转型和商业创新，成就千万数智企业，让企业云服务随需而用，让数智价值无处不在，让商业创新方便快捷。用友在财务、人力、供应链、采购、制造、营销、协同等领域为客户提供数字化、智能化、高弹性、安全可信、平台化、生态化、全球化和社会化的企业云服务产品与解决方案。用友秉承用户之友、持续创新、专业奋斗的核心价值理念，倾力为客户创造价值。目前，用友在全球拥有超 230 家分支机构和一万多个生态伙伴，众多行业中的领先企业都选择用友 BIP 作为数智化商业创新的平台。

一、商业创新平台——YonBIP

YonBIP 应用移动互联网、云计算、大数据、人工智能（AI）、物联网、区块链等新一代 ICT 技术，采用了云原生/微服务、元数据驱动、中台化、数用分离的技术架构，基于社会级计算，支持社会化商业，突破企业边界，通过交易、连接、共享和协同，实现数字化、智能化。YonBIP 覆盖大型企业和中型企业，在全新的产品设计和技术突破基础上，YonBIP 可以实现对特定目标客户的封装。

用友通过构建和运营全球领先的企业云服务平台 YonBIP，积极发展财务、人力、协同、采购、营销、制造、研发等 SaaS 服务，大力拓展创新业务服务（BaaS）和智能数据服务（DaaS），支撑与运营客户的商业创新，帮助企业客户实现数智化转型。YonBIP 平台支撑生态体系快速发展，以商业创新为核心，聚合 IaaS 战略合作伙伴、ISV 伙伴、创新开发者以及渠道分销、咨询实施、业务服务、数据服务等数字化产品与服务提供商，构建强大的"共生、共创、共荣"的用友平台生态（见图 5-6）。

公司从产品融合到营销推广、从销售协同到实施运营服务等，与各类商业合作伙伴建立全面深入的合作模式。

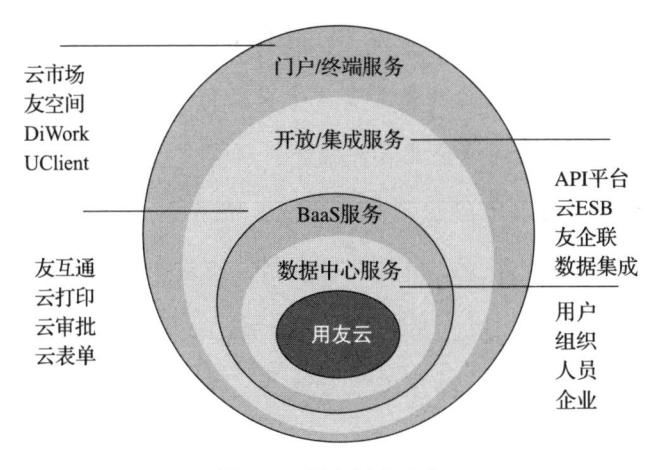

图 5-6　用友平台生态

二、打造全球领先的商业创新生态

公司持续领跑中国企业云服务市场，在中国应用平台化云服务 APaaS 市场占有率第一，在中国企业应用 SaaS 市场占有率第一，是中国企业数智化服务和软件国产化自主创新的领导品牌。公司深度、规模合作 ISV、专业服务、开发者三类生态伙伴，拓展增值经销商合作发展空间，发展资源型生态伙伴，做专做实对生态伙伴的赋能、扶持，促进伙伴能力建设和业务增长。公司加强生态业务组织、人员队伍的建设，升级生态业务运营体系。用友云生态运营体系如图 5-7 所示。

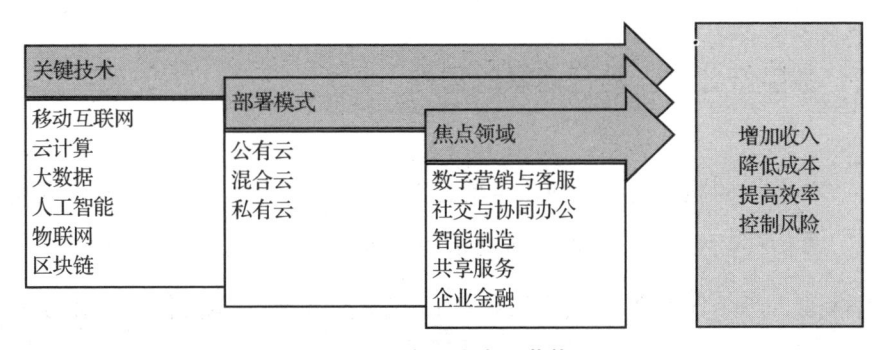

图 5-7　用友云生态运营体系

在大型企业市场，用友 BIP（YonBIP+NCCloud）基于 iuap 同一个云平台，联合构建大型企业数智化"产品矩阵"，对接数智化、国产化战略机遇，战略加强巨型企业客户经营，规模推广大型企业客户，抢攻高端客户市场，实现市场份额绝对领先。在中型企业市场，YonSuite、U9Cloud 和 U8Cloud 形成，通过升级直销、渠道和生态伙伴体系，继续加大市场覆盖，再领中端。在小微企业市场，畅捷通持续加大资源投入，确立在小微企业云服务市场中的龙头地位，继续强化客户运营体系，继续加强数字营销（含电商）。

三、总结与启示

公司推进的以"让客户商业创新简单便捷"为理念，以"数智商业的应用级基础设施和企业服务产业的共创平台"为定位的商业创新平台（BIP），符合全球企业应用与服务产业的发展潮流。用友 BIP 不仅是简单的工具型商业操作系统，更是生态化的服务平台，是集工具、能力和资源于一体的多元服务体，使能企业产品与业务创新、组织与管理变革，赋能生态伙伴共促企业服务产业发展。

（资料来源：笔者根据多方资料整理）

二、数字产业化：信任体系的重构

零信任的概念早在 2004 年就已提出，但到最近几年才被重新定义。零信任的理念在快速发展和不断演变的过程中，从理论模型、技术标准、产品体系到解决方案框架都在不断完善，零信任已实现了从概念设想到业务模式日渐成熟的演进。数据资源可信访的体系可以加强公共数据资源的安全访问，通过制度、管理、技术手段来降低数字空间的安全风险，推进数据资源的开放利用，加快数据元市场培育，全面推进城市数字化转型。数字生态是一个持续演进的过程，并持续进行价值输出。

1. 智慧化：数据 2.0 时代

智能技术只是一种手段。最主要的贡献是新数据（Data 2.0）的形成，其已成为中国数字经济发展的重要基石。大数据并不是一个新鲜概念。20 世纪 50 年代，即信息化时期，随着电子计算机以及其他技术的发展，数据逐渐形成了。新数据 1.0 在移动互联网与消费金融等领域开启了它的狂欢盛宴。虽然大数据分析常被用于描述消费者的消费习惯，却面临着不少问题。核心大数据都来自个人，并不能保证数据的真实性，从而造成了许多数据孤岛。基础数据分析的低质量，决定了传统数据分析模式和风险管理模式都无法满足大规模工业经济的发展需要。

我们将智能技术生成的数据称为 2.0，因为与数据 1.0 相比，它已经升级。数据 2.0 具有五个特点（见图 5-8）。

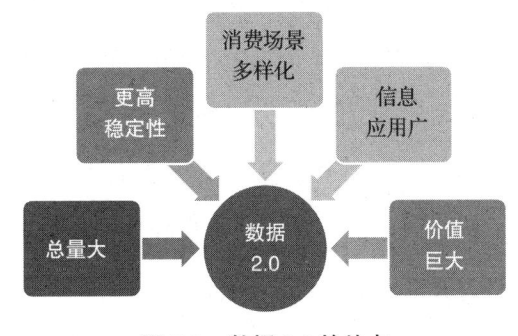

图 5-8　数据 2.0 的特点

第一，总量大。在 5G 时期，物联网通信模块传输数据，不管什么时候都能够得到真实信息，无须手工上传，这极大丰富了信息来源的种类与数量。

第二，更高稳定性。信息收集后，利用区块链实现多环节分布式加密，保证信息的准确性。在信息收集时提高物联网通信功能的可靠性，相当于对信息实现二级保密。双重保障使得消费基础信息更具有高质量。

第三，消费场景多样化。消费信息不仅限于购买范畴。由制造、消费行为、交易等万物交互所形成的消费信息场景极其丰富，基本覆盖了传统意义上的"四流"范畴。

第四，信息应用广。数据不仅可以在整个行业中使用，而且可以在全球范围内使用。

第五，价值巨大。数据分析 1.0 主要进行企业营销分析，而数据处理 2.0 能够从全方位提高产业链公司的智能化管理水平，为现代金融服务业的发展提供各种信息技术支持。

2. 数字生产要素

在农耕经济时期，人们以土地和劳动力为主要生产要素；在工业经济时期，资本、劳动力和技术都已成为生产产品的基础要素；在数字经济时期，数据、资本和劳动力被列为三种核心产出要素。数据已经成为培养和开发生产力的要素，有着重要的应用意义和巨大的发展潜力，所以我们需要重点了解数据成为关键生产要素的理论依据。

（1）基于生产力要素的社会内部矛盾

在发展"农业经济—工业经济—数字经济"的过程中，面对不断增长和更新的发展需求，劳动力以外的关键生产要素经历了"土地、资本、企业家、人才、数据"的演变。

从生产要素的特性分析，关键生产要素的发展表明竞争在逐步减少、市场普遍性日趋提高。在农业经济时期，土地在生产过程中有着很大的市场竞争力。由于人口持续增加，土地资源对生产率的贡献很快就超过了极限。在工业经济时期，土地资本诞生了，它部分突破了资源的束缚，合理地促进了国民经济的发展。同时，劳动者的消费需求和各个阶段的劳动力市场有机结合。在下一个工业化阶段，物质条件的变化造成了消费需求的超前发展。生产者需要进一步改善劳动力、资本、土地等要素的配置效率，投入最有限的生产要素以产生更有竞争力的生产率。这样，企业家才能成为最重要的产出要素。企业家进一步降低投入的竞争力，更灵活、弹性地为不同的生产组织服务，通过智库专家为其他经济实体提供最佳的资源配置，从而进一步改善与其他投入的结合。

在数字经济时期，大数据产生和流动的速度前所未有，整个企业经营管理体系变得更加复杂化，现代消费者需求也更加碎片化和个性化，整个供应链系统也日趋数字化和智能化。此时，企业家很难应对复杂多变的内外部环境，需要借助数据获取和管理来明确正确的投资方向。因为数据缺乏竞争性，能够由世界各地的不同企业同时利用而没有任何损耗，所以，它大大提高了知识产出的效益，使得经济发展的数量和质量进一步提升。同时，由于数据的流动涉及与真实信息的互联，降低信息不对称的程度可以解决市场失灵的问题。因此借助对外部环境和市场需求变化趋势的调查与评估，企业能够有效规避对劳动力、资金和科技等生产要素配置的盲目性，以便最大限度地提升企业资源配置的整体效益。

资源优化配置方案见图5-9。

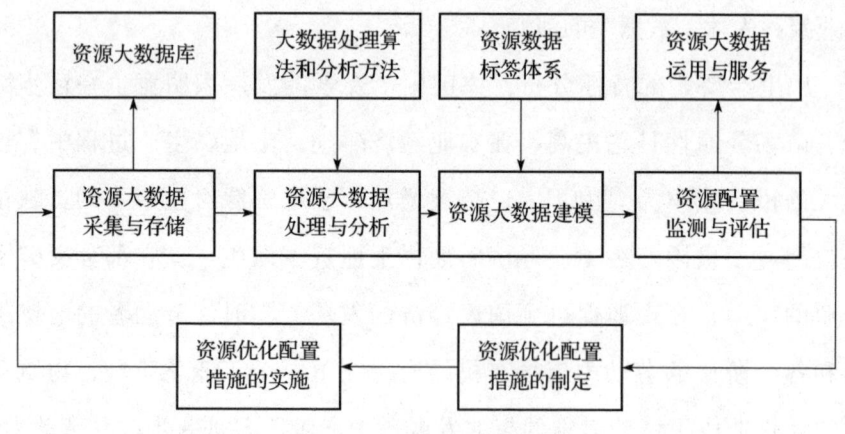

```
┌─────────────┐   ┌─────────────┐   ┌─────────────┐   ┌─────────────┐
│ 资源大数据库 │   │大数据处理算 │   │ 资源数据    │   │ 资源大数据  │
│             │   │法和分析方法 │   │ 标签体系    │   │ 运用与服务  │
└──────▲──────┘   └─────────────┘   └─────────────┘   └─────────────┘
       │                                                     ▲
┌──────┴──────┐   ┌─────────────┐   ┌─────────────┐   ┌─────────────┐
│ 资源大数据  │──▶│ 资源大数据  │──▶│ 资源大数据建模│──▶│ 资源配置   │
│ 采集与存储  │   │ 处理与分析  │   │             │   │ 监测与评估  │
└──────▲──────┘   └─────────────┘   └─────────────┘   └──────┬──────┘
       │                                                     │
       │          ┌─────────────┐   ┌─────────────┐          │
       └──────────│ 资源优化配置│◀──│ 资源优化配置│◀─────────┘
                  │ 措施的实施  │   │ 措施的制定  │
                  └─────────────┘   └─────────────┘
```

图 5-9　资源优化配置方案

（2）基于技术进步和需求更新的外部条件

首先，大数据及其生成要素的属性都基于数字技术进步的客观事实。海量数据处理需要信息与计算能力和算法相结合，以打开价值创造链。在云计算、边缘技术和数据计算成熟使用以前，对大量信息的储存、运算和分析都需要企业投入巨大的人力、物力。一方面，基于计算的不确定性，企业最初把大量信息转化为有效数据的能力有限，企业缺乏技术驱动力，承担巨大的资金投入。所以，"数据＋计算能力＋算法"不仅是企业人工智能的基本要素，而且是信息演化的重要制造要素所必须具备的外部环境条件。在计算技术领域，云计算等基础设施已充分实现，使得企业储存、管理和使用大量信息成为可能。另一方面，基于摩尔定律，大数据技术的生产成本将不断降低，制造行业更有能力利用数据挖掘技术进行信息资源配置。从信息计算的视角看，信息计算的迭代创新增强了从信息中获取可用数据的功能。大数据的累积也促进了信息价值的获得，增强了人们行为的功能。所以，在计算能力和算法等迅速发展的客观条件下，技术部门才具有信息产生价值的经济驱动力。

其次，人们价值观的变化促使数据成为生产中的关键因素。投入的发展是由消费者的需求引起的，这根植于人们价值观的发展水平。工业经济下的大规模生产方式促进人们使用机器设备扩大生产并延伸了劳动。这种生产方式所要求的就是产品中丰富的生活能量。只要物质需求不断被满足，个性化的消费主义风潮就会显现出来。如果原始输入对于满足消费者需求的变化并没有重大贡献，数据就能正确反映消费者价值。与工业经济时代不同，数字经济时代将人类自我的需求置于经济活动的中心，不断扩展和延伸智力劳动，追求物质和精神财富的高水平发展。

传统工业制造要素稀少、不可复制、排他性极强，这是竞争的根本原因。对于一种新的生产要素来说，要想完全了解它，就需要用新的眼光来了解它。而数据具有强大的非竞争性、无排他性、可再生性，无论多少人使用数据，都不能减少其价值一分，更不会干扰别人使用。而且，使用数据的过程中还会形成新的信息。这些生产要素是不可以独占的，任何一方要独占信息，就相当于建造了一座新的信息孤岛，数据的功能将在很短时间内减弱，信息需要被进一步共享、交流，在流转中它的功能才能够形成。由于这个特点，数字经济时代人们应该持有"共建生态"的观点，摒弃"一家独大"的理念。唯有与各方构筑大数据生态系统，才能切实运用好这些最有价值的生产要素。

3. 数字化产业链

产业链体系的互联网数字化过程是推动工业基础高级化和锻造现代工业体系的基本路径。企业数字化变革和通过数字化技术手段实现的技术创新性行为，增强了中国传统产业链的韧性和向纵深发展的信心，进而加强了数字信息技术发展和现代工业体系变革、企业组织变革等进程的融合，促进了传统产业链体系的提升再造。在产业链的上中下游企业协同数字化流程中，中国企业主要在市场机制和国家政策法规的指导下主动突破了传统产业链体系的弊端，成功打通了"堵点""痛点"，补链、延链、强链，彰显了中国传统产业链更强的适应性、可改善性和可再塑性。

数字化产业链如图 5-10 所示。

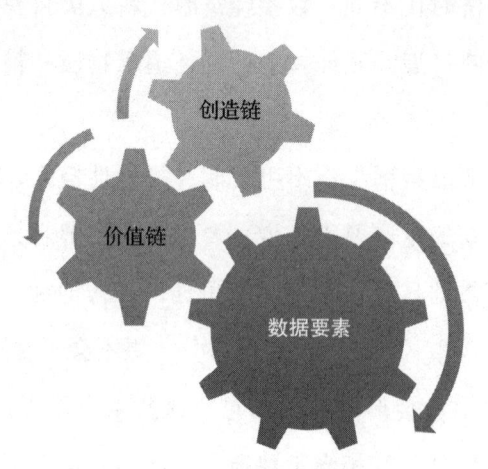

图 5-10　数字化产业链

随着大数据、物联网、新一代人工智能、区块链、云计算等信息技术的融入使用，产业链、供应链的各种市场主体依靠结构化数据分析建立了更加智慧的决策体系，共享信息、协调合作，基于人、机、物的信息联网，迅速了解社会需要，高效连接新产品供给创造，与社会需要牵引或者产品供给准确匹配。在数字化信息技术的支持下，制造系统逐步由大规模生产向小批量、个性化定制转变，并逐步提高了产品附加值，促使生产企业利用不断更新的产品与服务来创建新价值。

生产系统整体向数字化发展，奠定了内循环基石。数字化工具的使用有助于整个产业链、供应链向更加有效和现代化的生产系统发展。在新冠肺炎疫情冲击下，中国工业系统的互联网数字化进程大大加快，以远程办公服务、数字营销、协同制造、智能物流等服务为主要形态的企业数字化大力发展，完成了产业转移、产业互联和产业融合。中国工业系统以数字信息技术为基础，掌握了更加灵敏、可扩展的数字化管理手段，可及时预警、应对外部打击和突发事件。

数字化平台企业突破空间与时间的约束，实现了高效率的资源配置，正在持续地充实与完善产业环境，有效推进融通经济的发展，促进各个市场在安全、信任、合作的互动中，融入数字化体系。数字科技的融合和创新进一步提升了工业结构的完整性，保证了整个产业链的正常运行以及整个工业系统内循环的畅通。工厂组织产品的生产基础单元、市场供需系统、技术创新体系和价值创新流程的全面数字化，为推进工业系统内循环发展打下了扎实的技术基石。

4. 产业金融数字生态圈

产业数字金融是由商业银行驱动的创新发展。唯有积极发展数字金融，整合数字化战略，创新商业模式，缓解市场风险，企业才能实现新的经济成长与价值创新发展。以数字信息为基石，利用数字信息技术，以企业整个供应链的整体价值为基准，建立数字担保体系，为供应链中的每家企业提供不依靠于核心企业的信息分散服务。前提条件是，数据必须作为资产。资产是由公司过去的交易或事件所产生的资源，由公司占有或管理，并可以为公司创造巨大经济收益。以前，数据无法作为资产，是因为它不能为公司创造经济效益。随着时代的进步以及科技的发展，企业掌握的大数据可以产生经济价值，这是让数据成为资产的基础。产业数字金融就是以数据资本为理论基石，并沿着四个数据维度迭代发展（见图5-11）。

图 5-11　产业数字金融

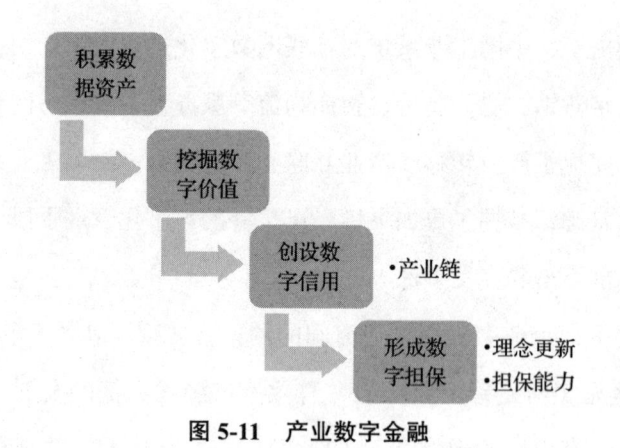

（1）积累数据资产

供应链系统通过大量贸易累积信息，而大量的内部交易信息又与海量的外界信息一同构成了数据财富，这是企业数据财富的基石。在这个过程中，金融机构的产品供应商必须做好三件事情。一是利用公司本身的人力资源，或是和第三方产品研发组织联合，在行业专家的共同参与下，确定公司经营的重要信息点，将高效可靠的企业数据转换为数据资产。二是全面利用 5G、物联网、区块链等先进技术，对工业产品进行设计、生产、仓储、物流、营销等各个环节的海量数据进行有效收集与大数据分析，并利用链条技术进行整个过程的溯源，确保大数据分析的真实性与可追溯性。三是综合考量企业的数字化成本与经济效益，以及为企业设计可接受的数字资本积累方法。企业数字化流程将线下实体转化为线上信息，企业可能还须购买软件平台、物理装置进行信息收集，这会给公司运营带来一定的成本压力。

（2）挖掘数字价值

数据要真正转变成生产要素形成生产力，就离不开数字价值的发现过程，该流程可以缓解银企双方的痛点。

对公司端来说，一方面，许多公司在运营管理实践中还不能完全认识到数据分析的意义，平台上线只是为了适应企业经营需求，公司还不能从数据分析中发现公司运营绩效提高点、市场需求变化趋势等，这让数据分析变成"沉睡的宝藏"；另一方面，有些公司受限于科技水平和人才的不足，数据分析应用的需求没有得到完全合理的解决。

对商业银行端来说，因为传统商业银行并不介入实际的市场运作和交易，所以很难掌握客户投资需求背后的真正原因，仅仅通过简单的财务资料、有限的合同信息，以及自身经验进行判断，但风控重心实际更多地取决于最有意义的保证品、保障机制等。

所以，必须发掘企业数据价值，这样既可以帮助企业完善管理工作、提升经济效益，又可缓解商业银行财务数据信息不足的困难，既有助于个人信贷业务的发展，又能为企业客户的分层管控、精细化经营管理等工作提供数据支持。

（3）创设数字信用

积累数据资产和挖掘数字价值都是围绕着数据层面的拓展，但从挖掘数字价值到创设数字信用则是借助计算模型进行跃升的过程。目前，正在蓬勃发展的线上供应链金融服务的经营方式主要依靠核心企业的信贷流转能力，以区块链的电子票据为载体，依托企业实际交易，平均划分核心企业信用，完成整个产业链体系内的信贷流动，但其运转依旧离不开核心企业的资金支持，每一次投融资活动的成功仍有赖于核心企业的确权。

创设数字信用是全然不同的逻辑方式，从企业间稳定贸易关系数据信息中产生，而信用创设更多的是针对上下游业务链圈的企业主体，其规模通常并不大，企业报表信息不明显，却是产业链的关键支撑。对企业实际控制人信息、企业自身财务指标、交易多维财务数据等的持续交叉检验，使得计算模型生成企业数字资信评估结果，对企业稳健运营与偿债能力做出评估，实现信用创设。

（4）形成数字担保

基于交易关系的数字信用系统被创设后，数字担保随之而来。担保方法全部通过数据分析、模拟计算产生，担保额根据交易数据动态变化。但形成数字担保，银行必须解决两个基本问题。

首先是理念更新问题。传统担保品往往是担保看得见、摸得着的有形物品，其价格能够被准确测算，物权也可以获得法律的合理认定。而数字担保是用虚拟担保品所产生的法律保障力量，它将对商业银行内部原来的传统观念和运行机制产生巨大冲击。

其次是担保能力的评估方面的问题。由于传统担保品市场早已建立了完善的价格评价系统，对担保能力可以做出具体评估。而数字担保能力源于以数据为基准的计算模型，对担保能力的评估实质上是对数据处理准确度、计算模型可靠性的评估。

数字生态圈专栏 2

青云科技：统一架构的混合云基础架构

北京青云科技股份有限公司（以下简称青云科技），是一家技术领先的企业级云服务商与数字化解决方案提供商。自 2012 年创立以来，坚持核心代码自研，构建起端到端的云原生解决方案。青云科技最早布局混合云市场，无缝打通公有云和私有云，交付一致功能与体验的混合云，并于 2021 年 3 月登陆上交所科创板。青云科技坚持自主创新、中立可靠、灵活开放的理念，为数字世界搭建起行业领先的计算平台、存储平台、网络与安全平台、数据平台、IoT 与边缘计算五大类产品矩阵：在服务层次上，纵向跨越 IaaS、PaaS 和应用平台的全栈云架构；在服务交付形态上，以统一架构实现公有云、私有云、混合云和托管云的一致化交付与管理；在服务场景纵深上，集结云、网、边、端一体化能力，实现全域智能数据互联。

一、端到端布局云原生

在云原生领域，青云科技秉承开源、开放、中立的理念，从平台云原生运行环境，到分布式应用架构支撑，再到 DevOps 流程的建立，提供端到端的云原生支撑能力。青云科技提供的敏捷基础设施，极大地降低了用户学习与使用复杂而庞大的云原生技术栈的门槛，实现应用敏捷开发、测试与上线；支持可视化统一操作界面，通过集成主流 CI/CD，帮助企业实现核心应用微服务化，有效落地 DevOps，缩短产品上线时间；依托于云环境构建的安全服务，使云产品、云服务天然具备原生安全属性，帮助企业构建更立体的安防体系。

公司的 KubeSphere 容器平台作为由中国人主导、具有世界级影响力的开源容器平台，凭借"开箱即用"的体验，可以为用户提供友好的操作界面和丰富的企业级功能，包括 DevOps、微服务、可观测性、多集群和多租户管理、云边协同等，帮助用户敏捷构建和管理云原生应用，加速云原生落地。基于 KubeSphere，公司加强商业化布局，陆续推出 QKCP 企业级容器平台、QKE 容器引擎、云原生备份容灾 SaaS 服务、KSV 虚拟化等产品和服务，加快在云原生数据库、云原生存储等方面的布局，以打造完善的云原生产品和服务支持体系，构建云原生场景方案，服务金融、交通、能源、医疗、教育、制造、互联网等企业更好地实现云原生转型。

二、开源生态参与者

自创立以来，青云科技就积极拥抱开源，延续开源基因，释放创新活力，自上而下地对开源抱有深厚感情及深刻认知，组建了因为志同道合而汇集在一起的技术骨干团队，相信开源开放才能建立技术规范，形成全球共识，坚持开放必然会实行开源，开源开放才能创造更大的价值，才能为创新提供更大的动力。青云科技与上下游厂商打造精选开源云解决方案，实现与全球开发者的协作创新，推动技术、产品从开发、上线到迭代、应用，赋能百行千业的数字创新。公司依托"云、网、边、端"全场景混合云的优势，研发和推广分布式云，帮助算力枢纽有效运营，通过高速网络实现算力按需调度和数据快速流转，将云计算和高性能计算结合，帮助算力枢纽建设超级智算平台（见图5-12）。

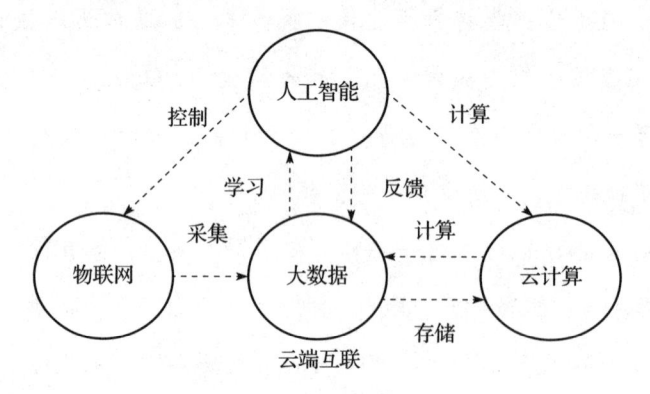

图 5-12 超级智算平台

利用云计算的网络和存储虚拟化、可信计算以及加密技术，充分保障客户数据安全，让西部的算力资源有效承接东部的业务需求，来有效承接科学计算、工业仿真、大数据、智慧城市、政务业务、人工智能以及云原生的多种业务类型。另外，积极响应国家的"双碳"号召，青云科技基于分布式云和超级智算平台的底座，结合AIoT平台的能力，联合行业应用合作伙伴，在双碳智慧建筑、双碳智慧工业、智能网联车、虚拟电厂等领域重点布局，将科技与产业结合，服务国家战略。

三、总结与启示

随着云计算、物联网、边缘计算、5G、人工智能等技术的进步，数字化已经从生活领域进入生产和社会服务领域。云计算将不再简单局限在数据中心平面，将走到边缘，走到终端，形成"云+边+端"，这是由智能网络连接起来的广义云计算平台。面对数字化逐步深入的发展趋势，青云科技提出"广义混合云战略"，即打造覆盖"云、网、边、端"全场景的数字平台，建立平滑无缝的统一架构的混合云基础架构。公司将持续研发创新产品，搭建行业领先的五大类产品矩阵，生产丰富的产品，为企业组建端到端的解决方案做好"新基建"。

（资料来源：笔者根据多方资料整理）

三、产业数字化：高质量发展动力

构建数字经济生态圈，能推动经济社会有可持续性的增长、均衡的增长。在数字经济社会蓬勃发展的过程中，政府可以完善基础设施建设，创造先进的公共服务模式，推动政府数字化工程的构建，提升数据管理水平，构建电子化政府部门，加速养老医院、智能社会、智慧生活等重要公共事务电子化建设。中小企业能够开展数据经营服务新模式，促进数字化发展。企业形成数字经济新增长点，实施数字经营模式，促进数字化转型。普通市民也能参与数字经济的蓬勃发展，分享数字经济蓬勃发展所创造的红利，培育数字素养，提升生命品质。

1. 巧用数字赋能

（1）数字经济提高生产和组织效率，促进经济的高质量发展

在互联网和新一代信息技术的条件下，数据已经成为与土地、劳动力和资本同样重要，甚至更重要的生产要素。数字经济通过提升产品和组织质量，推动了国民经济的发展。在数字经济条件下，企业管理者通过利用企业内的信息系统，构建起更为有效的产品管理体系。借助大数据分析，企业管理者会更全面地考虑消费群体的特点、喜好和潜在需求，从而找到新的商品机遇，开辟新市场。同时，通过企业内部数字化改革，企业内部管理模式更为扁平，各种信息传递更为有效精准，进而提升企业管理层管理能力和高管层管理决策水准。更为关键的是，数字经济改革产生了一个全新的工业组织模型，导致进行大数据收集并与平台匹配的企业数量急剧上升。企业平台的经济价值使平台用户数量激增。企业平台依靠外部网络和规模经济，通过整合大量的买方和卖方，不断扩大产品范围和经营范围，最大限度地实现规模经济效益，为企业盈利创造条件。

（2）数字经济提高运营效率和资源配置效率

数字经济的发展，特别是企业平台的出现，使整体经济得到了喷涌式的发展。企业平台促使买卖精准，大大提高了资源利用效率。在信息不对称的情况下，买卖双方为寻找交易对象、进行谈判、保证合同履行而进行的交易价值较高。企业平台运用数据处理优势，有效降低了信息的不对称性。企业平台通过在线评价、对比和反馈系统，选择性价比高的产品，为用户节约大量搜索时间和谈判成本。交易效率的提升进一步拓展了行业覆盖面，推动了分工的细化，企业能够实现全球分工合作，并随着市场需求变动，快速确定并调整价值链中的协作范围，极大提高利用资源的效率。在数字经济环境下，信息技术的发展促进了人才的流动，行业竞争更加激烈，现有行业结构改变，产业融合效益提高。此外，数字经济需要数字管理，有利于政府管理创新，提高政府管理效率，加快政府与市场的融合。更广泛的经济信息也为更有效的科学规划和宏观经济调控以及经济管理水平的提高提供了基础。

（3）数字经济利用更高效的信息产品，创新推动国民经济的发展

在数字经济时代，数字信息技术的开发与创新是决定国民经济发展方向的关键因素。数字经济的产生与快速增长便是科学技术的重要成果，而数字经济的蓬勃发展使一些新兴的信息技术行业得以产生，主要涉及大数据阵列、人工智能、云计算、通信网络工程、互联网信息安全等行业。数字经济，促进产业结构升级，增强国民经济的发展动力，促进经济社会高效发展。

2. 营造数字环境

数字环境，是在数字化发展中由各参与者共建共治共享的。数字经济生态圈的打造，离不开政府部门、企业和个人等三方，三方处于不同的地位，以实现不同的功能（见图 5-13）。

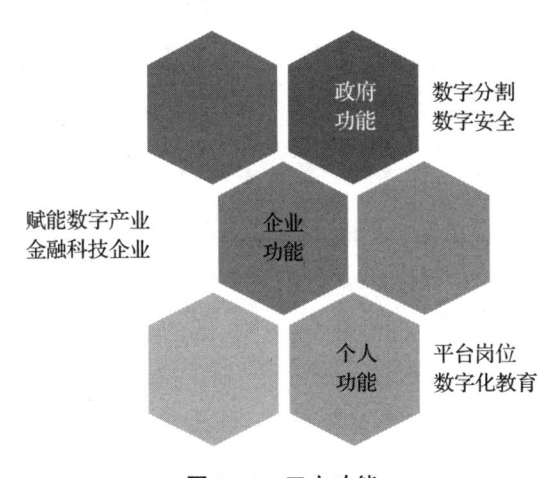

图 5-13　三方功能

从政府发挥的功能来分析，政府在发展数字经济的过程中面临若干挑战。一是数字分割，即部门和部门的数据交换机制不完善，需要建立数据共享平台进行整合，帮助政府全面准确地实施动态监管。此外，政府还需要关注大数据分析公开、信息滥用、技术安全等问题的解决。二是要完善大数据分析保障与信息保障的法治建设。数据分析信息将提升至国家安全级别。《中华人民共和国数据安全法》（以下简称《数据安全法》）的颁布实施，进一步规范了数据处理活动，保障了数据安全，促进数据开发利用；保护个人、组织与数据有关的权益，鼓励数据依法合理有效利用，保障数据依法有序自由流动，促进以数据为关键要素的数字经济发展。《数据安全法》的施行，不但会给数据处理带来法律法规的保护，还能更有效地保障我国大数据市场的健康蓬勃发展。三是数字经济发展不平衡的问题，这是当前发展面临的一个共同问题亟待我们通过不断的理论创新和实践深入促进区域间数字经济的平衡发展。

从企业发挥的功能来看，许多企业运用数据资产促进了产业发展；一些企业利用数字化推动业务改进，提高生产效率；一些企业还利用数字经济促进就业。除企业本身的数字化改造外，我们需要格外重视金融科技公司，其在数字金融生态系统中发挥了重要作用。希望未来金融科技企业能够协助大量传统企业更广更深地进入数字金融生态系统。

从个人发挥的功能看，数字经济生态系统创造了大量的信息平台，提供了就业机会，促进个人创业。与此同时，居民通过参与网络购物和网上娱乐等，改善了生活品质。

3. 引领增长动力

数字经济生态系统已经成为技术变革和产品革新的重要支点，世界也步入以数据生产力为特征的全新发展时期。数字经济不但在社会生产关系层面上推动了生产作业方法的数字化、作业资源的转移和就业机会的增加，而且在社会生产力层面上推进了资源共享模式的出现。数字经济已成为继农耕经济和工业经济后促进世界发展的新经济形态，必将促进世界经济与社会增长方式产生重大变革、生产力重构、国民经济结构出现重大调整，以及农业生产经营方式发生重大变革。

（1）数字经济已成为农村信息化的主要推动力

数字经营技术极大提高了农产品的生产效益，提高了产销双方的准确联系度，为农业生产提供了科学的决策依据。农村电子商务是促进产销衔接、有针对性地扶贫和减贫的重要方式。

（2）数字经济将成为工业变革的新引擎

数字经济促进了现代工业的智能化、个性化，带动了生产制造运营模式与质量管理机制的创新与变革，促进了传统产业的转型升级。数字经济促进了多层次的信息融合和技术创新，显著增加了高端技术装备生产的附加值，提高了新产品开发能力与商业设计、制造管理水平和协同营销的融合应用，提高了制造业的生产效率，促进了管理的改进。信息技术有力促进了行业管理的发展。远程检测、网络运维、个性化定制、企业集成等新方法不断涌现，降低了企业成本。制造型企业借助网络实现众包与标准化制造，努力建立以消费者为核心的新型制造结构，推动制造和市场的良好连接。

（3）数字经济是中国新兴服务业模式的孵化器

随着移动网络的普及，中国数字经济社会发展势头迅猛，网络经济社会、共享经济社会等新模式已在公共交通出游、商旅食宿、速递配送等行业出现，并逐步向知识内容、文化创新等应用领域扩展。

数字生态圈专栏 3

超图软件：领先全球的 GIS 技术和产品

超图集团是国际知名的地理信息系统（GIS）软件厂商，由母公司超图软件及旗下的超图信息、超图国际、上海南康、南京国图、北京安图、上海数慧等一级（全资）子公司，地图慧、日本超图等二级（控股）子公司，以及遍布全国的分公司、办事处组成。自 1997 年成立以来，超图聚焦地理信息系统相关软件技术研发与应用服务，下设基础软件、应用软件两大 GIS 业务板块，并构建生态伙伴体系，通过上千家独立软件开发商（ISV）伙伴为几十个行业的企事业单位信息化全面赋能。以"地理智慧创新 IT 价值"为企业使命，以"持续创造全球领先的技术，用地理智慧点亮世界每一个角落"为企业愿景，超图将为全球更多用户打造领先的 GIS 技术和产品。

一、云边端一体化的 SuperMap GIS 产品体系

超图软件研发的大型 GIS 基础软件系列——SuperMap GIS，是二三维一体化的空间数据采集、存储、管理、分析、处理、制图与可视化的工具软件，更是赋能各行业应用系统的软件开发平台。历经二十余年的技术沉淀，超图软件构建了云边端一体化的 SuperMap GIS 产品体系，包含云 GIS 服务器、边缘 GIS 服务器、端 GIS 等多种软件产品，提供离线部署和在线服务（SuperMap Online）两种交付方式（见图 5-14）。

在 SuperMap GIS 10i（2021）中，超图软件进一步创新 GIS 基础软件五大技术体系（BitDC），即大数据 GIS、人工智能 GIS、新一代三维 GIS、分布式 GIS 和跨平台 GIS 技术体系。

公司坚持立足用户需求，紧跟 IT 发展趋势，自主创新，保证了自身技术体系的先进性和创造性。在 GIS 技术发展中，公司的组件式 GIS 技术、服务式 GIS 技术都走在业界前沿。在跨平台 GIS 技术方面，公司更是开了 GIS 基础软件的先河，建立起长久的差异化优势。当前，公司在跨平台 GIS 技术、二三维一体化 GIS 技术、云端一体化 GIS 技术和大数据 GIS 技术方面确立了领先地位，在人工智能 GIS 技术、空间区块链技术、AR 地图技术方面不断创新，形成了独特竞争优势。

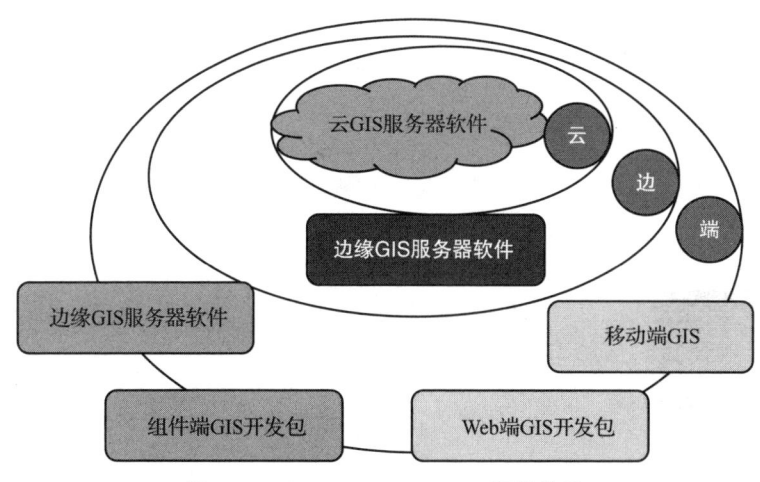

图 5-14　SuperMap GIS 10i 产品体系

二、独创的"精益敏捷研发管理体系"

超图研究院自 2006 年开始，历经十几年的精心研发与完善升级，独创了"精益敏捷研发管理体系"。敏捷开发模式见图 5-15。

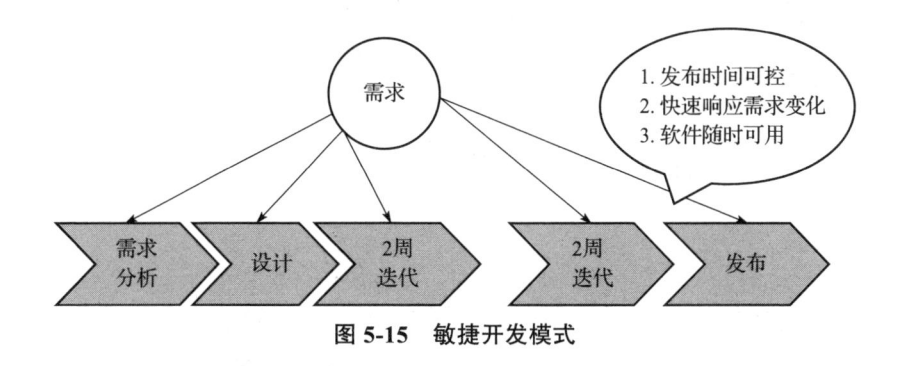

图 5-15　敏捷开发模式

它以用户需求为核心，采用迭代、循序渐进的敏捷开发模式，以 24

小时自动测试、代码审查和持续集成为主要特征，不仅极大保证和提升了产品质量，还有效提升了研发团队的管理效率和客户的满意度。

1. 响应迅速

敏捷开发模式的每个迭代过程，都可以灵活增加用户需求，对市场变化做出快速反应，解决了以往产品研发用户需求响应慢的弊端。

2. 24 小时自动测试

以自动运行的测试替代传统手工测试，"24×7"小时不间断运行，可模拟上万个并发测试，自动生成测试报告，并邮件通知相关人员，供其参考修改。

3. 代码实时自动审查

公司自行研发的 Whitebox、AppCheck 以及第三方工具软件，可对代码规则符合度进行自动化检查，以实现对不规范代码的实时检查和报告。

4. 持续集成

实现了从代码提交、编译、审查到打包、测试、发布和验证的一体化管控。开发人员提交代码一定时间内无其他人提交，服务器将自动启动代码编译，将代码打包并提交到测试计算机群，激活自动测试系统。中间任何一个环节出现错误，都会自动生成错误提示信息，并向开发人员发送通知邮件或消息。

三、总结与启示

作为 GIS 软件行业的领先者，超图软件将持续巩固和创新技术优势，充分发挥 GIS 基础软件对产业的拉动作用，融合新技术，不断扩大 GIS 应用边界。基于对其行业优势的深刻理解，超图软件将充分把握空间大数据应用良机和地理信息产业大发展带来的诸多机遇，实现快速发展。

公司不断改进创新研发管理体系、项目管理体系以及售前售后服务体系，通过提供优质产品和高质量服务来提高客户满意度，为公司进一步拓展市场奠定坚实的基础。

（资料来源：笔者根据多方资料整理）

四、数据资产化：协同创新润滑剂

数据生态的缺失将引发诸多问题。个人数据的产生、流动、使用和管理都有赖于健全的生态，其涉及政府部门、公司、个人以及其他参与者，在公开透明的制度下形成合理的利益分配。目前，我国数据生态的使用模式主要是对以公司为中心的数据的组织、管理、监控和运用，尚未真正达到生态系统中各方价值的最优化。个人数据主要聚集于电商和社会化媒体领域中的一些巨头。个人数据的聚合效果日益明显，因此不可避免地产生个人数据歧视、信息茧房、大数据分析成熟化甚至隐私侵犯等问题。对不掌握个人数据资源的大公司来说，数据资源垄断所带来的是不利于经济发展和竞争的壁垒。对个人来说，数据资产的分配方式和管理模式将造成个人维权困难。

在大自然中，生态平衡指生态和自然环境间或者生态系统中的不同生态群体间通过能源流转、物质循环以及信号传输，达到高度适应性、协调性与统一的平衡状态。在数字世界中，参与者承担着相应的管理职能，以支撑大数据资产生态的正常运转。就长期目标而言，以大数据资产建立均衡的大数据资产生态体系，是实现数字经济与社会可持续发展的需要。所以，构建均衡的数据资产生态系统离不开四个核心支柱：政策和法规、宏观经济、社会、科技。

1. 建立数据确权机制

财务数据要变成数据资产，最关键的是确认财务数据的权利。数据确权涉及许多权利，如数据信息所有权、使用权、管理权、知情权、遗忘权、修改权、撤销权、阻止与控制资料处理权等。确定对数据信息的所有权，我们必须注意四个方面。

（1）必须充分考虑数字经济发展的不同阶段和具体国情

数字经济已成为主要增长点和重要就业渠道。虽然中国数字经济取得的成就举世瞩目，但未来的路还很长。在这种情况下，应该最大化数据的价值，因为数据是数字经济的一个生产要素。

（2）必须保持个人隐私与敏感数据维护的红线思维

数据确定后，数据将流入生产要素市场实现市场化交换与流动，也可能对消费者心理产生重大影响。所以，在建立数据权益确认制度之时，仍须保持对个人隐私核心信息与个人敏感数据的维护的红线思维。唯有增强消费者的安全意识与信心，才能实现数据财产权，数据资产的生态才会健全。

（3）数据流通和共享必须是主要目的

数据所有权是为了保证数据的合理流动与共享。随着数字金融生态的逐渐开放，数据资源将在不同的经营实体间自由流通，不同数据的重新组合也将形成全新的大数据。

（4）必须使用数字技术来确认数据权限

传统确权方法采取出具权利证和专家评估的方法，但缺少科技可信性，出现篡改等不可控因素。根据数据资产的特点，该技术手段能够处理数据产权问题。针对各种数据信息必须实现物理流动与交换，且产权必须明晰的特殊场景，推荐采用区块链信息技术。利用区块链的不可篡改性、数字签名、共识机制和智能协议等技术手段，确定对各种数据信息的使用权，记录和监测数据的产生、获取、传播。信息技术为资源共享与交易奠定了扎实的科技基石，具体来说，大数据分析资源的所有者、生产商和终端用户等关键节点将参与区块链网络建设，并通过区块链的同步共识详细记录数据产生、流动与交换过程的每个环节。它不但记载了信息自身，还记载了与数据资产有关的所有主体的角色与操作历史，见证了对整个节点的认识。这样，生态系统内的每个成员都能够创造自身的信息财富，利用智能合约管理财富流转与收入分享，达到财富共享与风险共享，极大地推动了信息财富的流动。

2. 创新数据资产商业模式

一个稳定和安全的生态系统应该由良好的商业模式来支撑。数字资源的商业化前景会逐渐下沉至以个人为主体的 C 端客户群，并形成开放式的产品交易、数据库、数据信托以及涵盖 G、B、C 客户端等的信息中介服务方式。

数据资产商业模式如图 5-16 所示。

图 5-16　数据资产商业模式

（1）数据平台交易模式

这种运营模式有效缓解了数据影响与环境、资源保障和大数据供给之间的主要矛盾，并通过平台沉淀帮助大量的行业形成数据标签。大数据平台交易的运营模式在未来将进一步被重视，并成为主要的流通运营模式之一。《数据安全管理办法（征求意见稿）》明确指出，平台运营者不得以改善服务质量、提升用户体验、定向推送信息、研发新产品等为由，以默认授权、功能捆绑等形式强迫、误导个人信息主体同意其收集个人信息并明确提出了"匿名处理"的要求。所以，大数据交易平台将在未来的商业化进程中扮演更关键的角色，并生成数据中介或数据代理等的细分业务模式。

（2）数据银行模式

由于个人数据资产与人民币资产在实质上具有某些共性，所以个人数据也是个人财产的重要组成部分，如同银行存款。简言之，个人数据资产能够采用银行模型加以管理和运作，不但能够做到个人数据的集中高效管理，还能够做到个人数据的保值与有序流动，给个人数据银行创造一定的效益。

（3）数据信托模式

信托学中的信托资产拥有者的制度安排存在结构性特点，受托人拥有信托资产的合法财产权，收益人则获得了信托资产的信托收益，这被称为"信托遗产双重所有权"。数据信息资产的特点就是个人数据资产拥有者和"信息"管理者也是"信息"所有权利拥有者之间所产生的分离。可以发现，个人数据资产所有权、使用权与收益权之间的分隔结构与信托资产拥有者的复合结构基本一致。个人数据资产作为信托资产在权利内容与制度安排上都存在合理性与可操作性，利用信托资产制度，能够更加合理地制定与执行个人数据资产的所有权利安排。数据资产具有一定信用特性之后，才能够适应数据资产的经营管理与服务逻辑要求。更为关键的是，信任服务创新能够为数据资产创造更为广阔的使用场景。

（4）数据中介模式

在大数据时代的赢家通吃模式下，产生了由众多技术巨头所主导的平台。要实现个人数据的尊严，就需要一些外围机构来缩小差距。这种机构被叫作"个人数据中介"（MID）。个人数据中介的作用就是争取数据的最高价值，并为创建者争取适当的回报。

数字生态圈专栏4

华胜天成：云数为轴，四轮驱动

北京华胜天成科技股份有限公司（以下简称华胜天成）向全球客户提供领先的云计算解决方案和基于行业的数字化服务，致力于帮助客户成为数字化运营者。华胜天成1998年成立于北京，历经二十多年沉淀，形成了行业领先的"自主可控、安全可信、敏捷可用"的产品及服务，在十余个重要行业服务超过16000家客户，并将大数据、云计算等技术成果落地转化为成熟的经验和可衡量的价值。2022年，以数字化转型为核心的数字经济迎来关键发展阶段，华胜天成按照"云数为轴、四轮驱动"的战略狠抓基础业务、创新业务融合建设，并积极打造行业数字化方案、产品增值服务、产业数字化运营、专业运维外包的核心竞争力，实现业务创新与管理变革，助力客户积极响应环境的变化和挑战，为全球客户数字化转型打造坚实的创新底座。

一、迈向"云数为轴"的新战略——云计算和大数据业务

华胜天成是国内较早从事云计算和大数据研发的公司之一。2021年，公司实现了在政府、金融、运营商、能源、智能制造、地产、传媒等领域的全面突破，结合当前新基建的大背景，为企业构建数字化能力，提供适配企业IT不同建设阶段的产品和解决方案。同时，始终站在客户的角度，提供场景化的云计算相关产品及服务，覆盖企业云战略规划、咨询、建设实施、上云迁移、业务编排、DevOps、云端运维、运营等全

过程，成为企业数字化转型的助手。

华胜天成战略方案如图5-17所示。

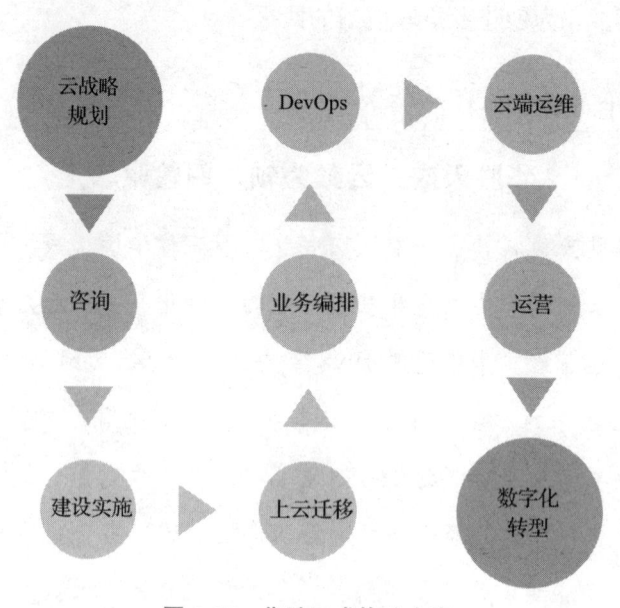

图 5-17　华胜天成战略方案

二、迈向四轮驱动

1. 基于核心产品的集成服务业务

系统集成业务属于公司传统业务板块。华胜天成把握信息技术升级和产业变革的市场机会，结合自身二十多年的政企行业客户服务积累，深耕客户、发展合作伙伴、拓展业务领域。公司一方面继续保持与运营商、金融、能源等行业客户的良好合作关系，巩固市场份额；另一方面积极拓展新的生态合作伙伴，共享协同发展成果。

2. IT 服务和运维业务

公司建立并持续实践了国内一流的IT服务管理体系和人员赋能培训体系，在人员管理、IT服务流程、技术研发、备件库、知识库和应急建设及运营方面积累了非常丰富的理论和实践经验，并长期服务于电信运营商、金融、政府等关键行业，以高质量的 IT 运维和人力外包服务赢得了客户信赖。

3. 行业应用软件

行业应用软件是各行各业智慧化的基础，也是公司战略的重要内容。由于新冠肺炎疫情，公司智慧旅游项目受到严重影响，但智慧消防、智慧矿山项目有了新的业务开拓，并且关乎民生的教育、养老、优化营商环境等项目也有了新的突破。

4. 用数字化为实体经济赋能

公司逐步探索实践数字技术与实体经济深度融合，推出平台化运营的模式，其成为公司发展新价值的贡献者。公司着眼未来，组建产业互联网团队，旨在推动数字技术和实体经济深度融合，为农业、工业、服务业的数字化转型发展助力。

四轮驱动如图 5-18 所示。

系统集成业务	・保持良好合作关系 ・寻找新的生态合作伙伴
IT 服务和运维业务	・理论和实践经验 ・关键行业
行业应用软件	・智慧消防 ・智慧矿山
数字化为实体经济赋能	农业 工业 服务业

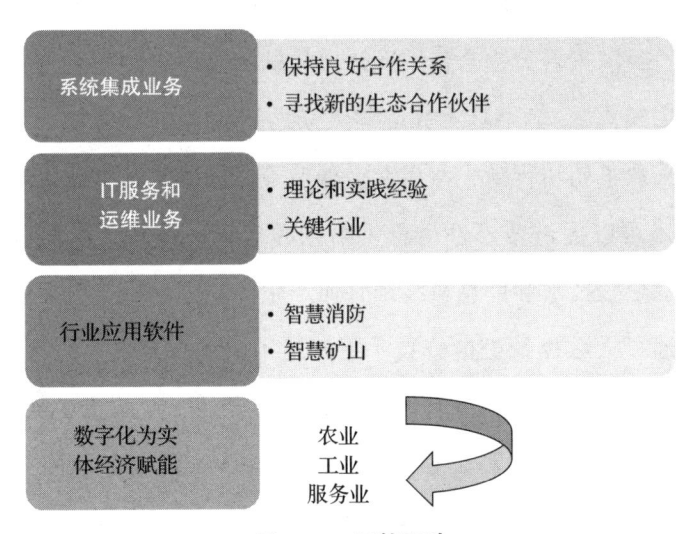

图 5-18　四轮驱动

三、总结与启示

公司以"云数为轴，四轮驱动"的战略，坚持为全球客户提供领先的云计算解决方案和基于行业的数字化服务，帮助客户成为数字化运营者。以云数为轴，发挥云计算和大数据领域技术积累，使华胜天成成为经济社会数字化发展的引擎、数字产业化和产业数字化过程的轴心。企业不断强化研发、运营、管理等综合实力，通过战略引领、夯实根基、打造核心，成为"经济社会发展的数字化领导者"。行业创新数字化、解决方案产品化、产业互联平台化、资源外包规模化，华胜天成实现跨越式发展。

（资料来源：笔者根据多方资料整理）

3. 实现数据资产共享普惠

意识到当前社会数据使用的局限性，我国努力跨越数字鸿沟，这是克服社会发展不均衡问题和缺陷、推动数据融合发展的关键。

目前，我国正着力弥合传统网络设施的"媒体鸿沟"、群体与个人之间的"使用鸿沟"、数字技术先驱与大众之间的"知识鸿沟"。部分地区政府已经采取了初步行动，探讨在金融业等方面引入数字技术的新方法。大数据技术可以促进普惠性金融供给侧的变革，提高普惠性金融能力，促进由传统金融技术和信息科技结合而产生的新金融供给侧发展。比如，银行可以通过大数据挖掘信息技术更好地了解用户意愿，合理划分用户人群，通过产品设计创造更有针对性的理财产品，使服务更加满足个性化需求。当然，这也提高了银行的回报率。传统的金融业因为成本大、效率低、服务半径短、交易完成速度缓慢，很可能会把小微企业和困难人群排斥在外。但数字信息技术的运用克服了传统金融业的缺陷，使其能够为小微企业和困难人群提供负担得起的金融业务，不仅服务质量远高于传统金融业，而且富有包容性，提高了社会融资的公平度，甚至推动了企业成长。

4. 形成"数据+"价值共创生态

要构建数字财富生态，并解答数字权利确认、价格、交换、流动、保护以及业务模式等重大问题，必须在技术上解决两个核心问题，即数据安全共享与数据可信计算，并建立数字财富的生态化技术框架。

（1）数据可信计算：多方安全计算与可信计算

使用区块链技术安全储存数据之后，还需要解决数据信息与在不可信任环境条件下产生的数据信息协同生产的实际问题，利用不传递数据而移动计算技术的逻辑，才能克服这个实际问题。技术上，可使用高度机密计算（Confidential Computing）或安全多方计算（MPC）或是有公信力的可信计算（Trusted Computing，TC）环境（见图5-19）。机密计算是一种新型的多方运算方式，可以对正在使用中的数据加以保存。它建立在由硬件直接支持的可信计算环境之上，为计算中的数据提供保密支持。相对于TC，保密计算在传统的环境中是一种完全自主的可信计算平台，当运算者在该环境中运行时，所利用的信息都能够被即时保存，不仅提高了数据保密性能，而且为运算者带来了未保密或屏蔽过的原有信息。采用机密技术的多方计算服务，不仅能够保障信息的保密性，而且能够防止外界攻击和避免数据泄露，保障信息的知识产权。

在安全多方运算流程中，信息持有者之间进行一个协作运算过程，使用一个节点路由地址，同时与其他拥有相同信息的数据持有者进行协作运算。参加协作运算的几个信息主体的参与节点按照计算逻辑向本地系统搜索所需信息，在密集的数据流中一起完成协作运算，以此完成安全多方运算的目标。在这个流程中，参与者的明文信息只保存在本地，无法提交到任何环节。在保证数据安全性的情况下，一个环节将结果传递到整个计算任务平台，使得参与者均可获取真实的计算结果。

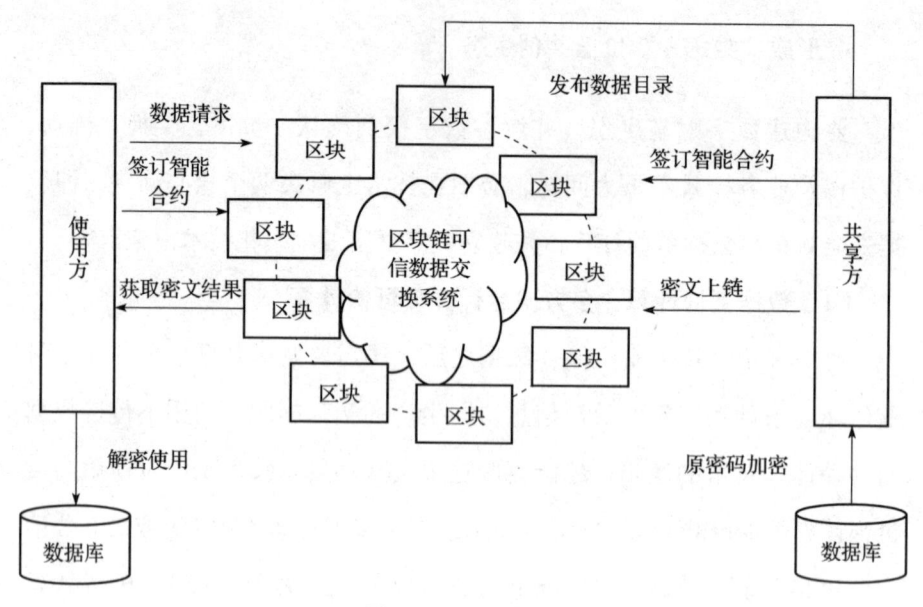

图 5-19　可信计算

（2）数据安全共享：链上与链下结合

在网络与数字世界，数据数量急剧增加。信息生态中的各主体通过各种方式保存信息，同时使用信息生态中各主体的信息。目前，根本没必要或者不可能集成这些信息。所以，人们迫切需要可以支撑当前大量信息在本地储存的方法。为实现信息通信与数据共享，人们可能选择利用区块链的"链上"和"链下"相结合的管理机制，即只将数据签名、交易汇总数据和轻量级智能合约逻辑放在"链上"，将数据信息本身放在本地数据平台的"链外"。

章末案例

雄帝科技"数字身份+智能制造+大数据"发展

身份识别和管理是中国社会、经济、文化等领域的基础环节，随着网络应用、移动应用和物联网应用技术的迅速发展，身份管理在公共安全、国家、公司和机构的安全管理、信息与网络安全、家庭财产信息安全以及个人隐私保障等多个领域推广应用。移动通信，特别是5G技术以及便携式应用终端技术的普及，以身份识别和管理为重点技术领域的个人身份验证应用空间将进一步扩大。电子政务以及电子商务技术日益发展，也拓展了身份识别和管理技术在个人与家庭财物安全和个人隐私权保障等方面的应用，进一步扩大了个人身份辨识技术的应用空间。身份识别与管理技术的应用范围涵盖了经济社会生活的各个方面。随着我国数字经济社会的发展，构建数字中国已经是必然趋势。数字产业的迅速发展，将促进国家安全保密与身份验证技术的进一步发展，给从载体、身份标识、管理验证、技术应用，到人的身份融合、万物互联等新产业，带来了更广的发展空间。

一、公司简介

深圳市雄帝科技股份有限公司（以下简称雄帝科技）创建于1995年，是人身数据信息综合管理服务供应商。以可信身份辨识技术为核心，为全世界用户提供智能身份辨识和信息管理、智能出游等智能方案和大数据分析咨询服务，产品应用于公共安全、交通、地铁、金融、安防等领域。企业以可信身份科技为核心，在物理防伪、量子密钥、数字信息安全、生物鉴别、射频识别和人工智能等科技应用领域创新，并进行了全面的系统平台构建与软件研发业务，自主研发了完整的电子平安卡制作设备、自助设备以及电子身份信息收集及认证服务终端、智慧交通业务终端、移动支付终端等软件产品，具备了完备的端到端综合业务实力。

雄帝科技是目前极少数掌握电子证照制造发行设备与防伪科技系统的中国公司之一，所拥有的电子技术发明专利、PCT发明专利、电子软件著作权和科学技术成果达一百多项，是全球国际航空运输合作发展机构（ICAO）机读旅行证件（MRTD）设备厂商名录中的中国公司，入选工信部专精特新"小巨人"企业名单。雄帝科技基于"可信身份"的科技优势，将安全证件技术和数字身份科技融合，在物联网、智能城市等领域不断完善产品生态，坚持创新，努力实现让身份信息更安全、更智能、更有意义的目标，用可信身份科技赋能智慧产业，实现万物互联网的创新价值。

二、身份识别与智慧政务平台

公司主要围绕个人安全证件，提出融合线上、线下等多种场景应用的个人身份辨识和智能管理整套解决方案。智慧政务如图5-20所示。

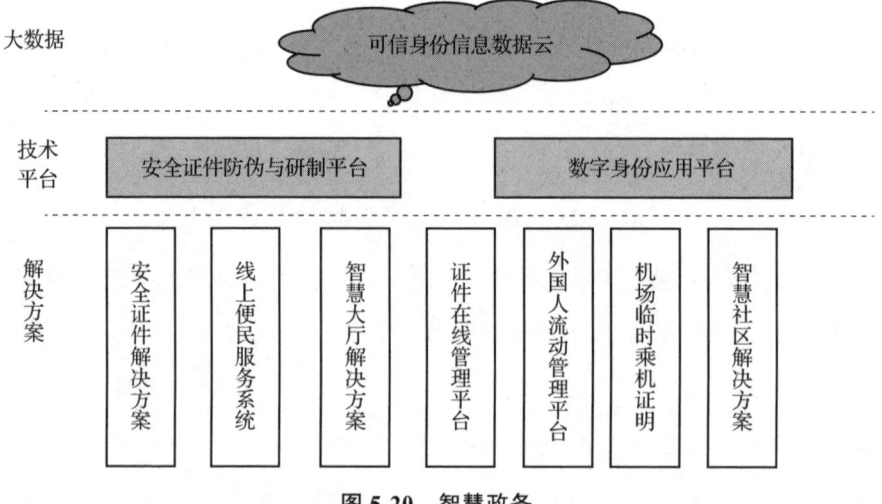

图 5-20　智慧政务

平台主要提供个人身份信息的收集、制作、发布、核实、鉴定、验证所需要的软件、智能装置、终端硬件、防伪材料、相关设施、系统集成与营销等服务。在巩固上游身份证制发领域高端智慧装备技术领先优势的基础上，进一步向下游智慧服务环节扩展，利用智能预约、智慧办理、智能身份辨识、智能导服和效能管控等子系统，提高服务处理效能，提升最终用户体验。并针对身份证的全生命周期管理需求打造了身份证在线信息管理平台，通过"管理平台＋物联网终端"的解决方案覆盖广大政企客户的证照管理业务。同时，积极设计并布局线上线下证件服务互联、线上可信身份认证的证件云系统等配套服务产品，重点发展民航、旅游的数字身份验证服务，进一步延伸数字证件鉴别和控制等业务的垂直领域。

公司还创新地开发出可线下线上鉴权、以人像、生物学特性、文字资讯等组成的多维图形码——智慧码。这是一款容易识读、大容量、高安全的新型防伪码制，结合智慧管理平台以及智能核验终端，实现人工核验或全自动核验。在精准疫情防控管理期间，它保障企业快速、安全、有序地复工复产，并在外国人入境管理方面发挥了重要作用。智慧码将人、码、证三者合一，集物理证件、二维码、人脸识别等多种身份核验方式与技术的优势于一身，可在线、可离线、可视读、可追溯，真正做到了"一码通行"。

三、智慧交通云平台

公司在公共交通（公交＋轨道＋出租车）领域提出了融合线上线下等不同付款形式的小额消费电子付款整合解决方案。公司将以支付终端与互联互通服务为切入点，逐渐将智能应用拓展至客户主业务流，形成以小额电子支付、智能调度、客流数据分析、安全管控和营销服务等系统平台为基础的智慧公共交通解决对策，并建立了智能公共交通服务云平台。

智慧交通如图 5-21 所示。

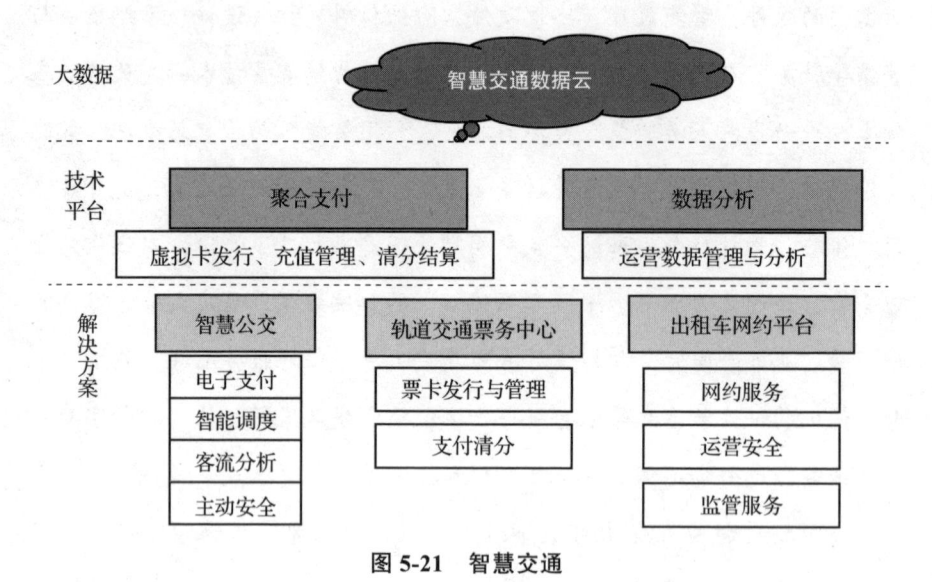

```
大数据                    ┌─────────────────┐
                         │  智慧交通数据云   │
                         └─────────────────┘

技术          ┌──────────────┐          ┌──────────────┐
平台          │   聚合支付    │          │   数据分析    │
              └──────────────┘          └──────────────┘
        虚拟卡发行、充值管理、清分结算    运营数据管理与分析

解决      ┌─────────┐      ┌──────────────────┐      ┌──────────────┐
方案      │ 智慧公交 │      │ 轨道交通票务中心  │      │ 出租车网约平台 │
          ├─────────┤      ├──────────────────┤      ├──────────────┤
          │ 电子支付 │      │  票卡发行与管理   │      │   网约服务    │
          │ 智能调度 │      │                  │      │   运营安全    │
          │ 客流分析 │      │     支付清分      │      │   监管服务    │
          │ 主动安全 │      │                  │      │              │
          └─────────┘      └──────────────────┘      └──────────────┘
```

图 5-21　智慧交通

公司以多维数据分析为客户服务提升管理决策辅助能力，为客户的服务经营管理水平与效率提高服务赋能，打造客户与互联网上的大数据互动和运营管理平台，为公共交通大数据分析与流动资产储能。

公司的智能交通 SaaS 产品，能够满足少数轨道交通企业对地方轨道交通智能化管理的需求，并建立了地方公交企业智慧调度管理云服务中心，从而节约了建设与运维的成本。同时，该平台能够将运行车辆的有关信息发送至公交车乘客客户端，使乘客可以准确掌握车辆、路线调度等信息，使公交车的出行管理制度更为规范、服务设施更为智能齐全、路线规划更为科学合理、乘客出行更为便捷，不但减少机动车碳的排放量，而且提高客户对乘车环境的满意度。

四、数字一体化场景落地

公司在运营过程中，一直根据客户需要和痛点为客户提供整体解决方案（见图 5-22）。同时，以场景落地过程中积累的丰富经验满足用户柔性、个性化交付的需求。公司具备大规模业务场景的解决方案和促使业务落地的能力，长期积累的行业经验及场景理解，为公司的产品创新和满足用户需求的开发提供重要支持。在身份标识与智慧政务应用领域，公司以电子安全认证的制造和发放、检测与认证等为核心技术，从前端延伸到身份数据收集，从后端延伸到各个业务的身份管理系统应用，建立并完善了基于电子安全卡技术的身份管理系统产品与端到端解决方案，可为业务客户提供从数据收集、安全管理信息、运营商研发到身份鉴定与验证等的全方位服务。在智慧公共交通应用领域，公司不断推广在国内各大中城市开展微电子支付的解决方案，丰富并集成智能调度、客运分析、交通周边控制等公共交通运行体系，着力提升公共交通数据服务，建立并完善了智慧公共交通治理对策。企业基于持续的创新、丰富的行业经验及逐渐提升的综合实力，为客户提供差异化的专业解决方案和全方位服务，增加企业产品与服务的附加值，从而提升企业本身的盈利能力。

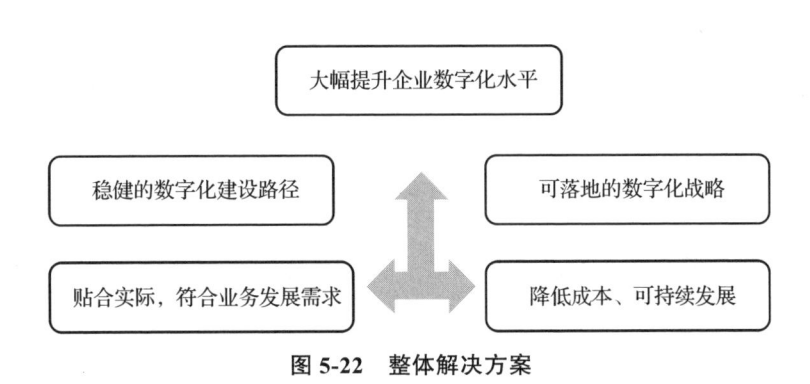

图 5-22　整体解决方案

五、总结与启示

企业秉承"数字身份＋智慧生产＋大数据分析"的发展策略，通过内生成长与产品外延，进一步优化产业链格局。在自己的业务领域为客户提供融入先进技术的硬件产品，包括终端和设备。同时公司进一步增加平台功能及大数据分析的研发资金投入，提升企业核心能力的竞争性，实现企业长期持续健康发展。

第一，持续创新，加大研发投入。完善了企业级技术管理体系和生产系统，形成了统一的研发数据、技术标准、软件产品和服务资源平台。在产品方面，集团重视建立硬件产品的网络平台，做到了平台共享、标准化、产品系列化，并注重工匠精神，培养高质量意识。在系统软件平台研发方面，整合资源，吸引专业人才，增加了对智慧交通云系统软件平台研发的投资，进一步丰富了智慧政务系统软件产品，以软件平台和整套解决方案促进了硬件产品的不断研发，给客户带来了良好的服务体验。

第二，在产业链内外进行合理的延伸和扩张。根据公司的快速增长战略，公司将吸收多方资本，充分利用合资、多方投资等自负盈亏的战略，完善公司的产业布局，实现产能提升。

第三，提高企业的综合实力和产品价值。增强企业的组织、管理能力和经营实力，提高企业信息化管理水平，不断完善企业管理结构，提升产业融合的管理水平，进一步提高企业经营效益。逐步健全合作供应商制度建设，进一步完善新材料选择与开发协作，培养一大批具备开发实力的合作供应商，并建立长期战略伙伴关系。进一步构建合作客户与供货商之间的信用风险管理制度，实现合作供应商的质量安全与成本管理。建立健全企业核心人员引进激励机制，不断引进企业股权激励政策，进一步健全企业人力资源激励约束制度。

（资料来源：笔者根据多方资料整理）

参考书目

［1］ Fortune Julian D, Coppa Natalie E, Haq Kazi T, et al. Digitizing ECG Image: A New Method and Open-source Software Code[J]. Computer Methods and Programs in Biomedicine, 2022, 221.

［2］ Salleh Siti Zuliana, Bushroa Abd Razak. Bibliometric and Content Analysis on Publications in Digitization Technology Implementation in Cultural Heritage for Recent Five Years（2016—2021）[J]. Digital Applications in Archaeology and Cultural Heritage, 2022, 25.

［3］ Hertling Stefan Ferdinand, Back David Alexander, Eckhart Niklas, et al. How Far Has the Digitization of Medical Teaching Progressed in Times of COVID-19? A Multi-national Survey Among Medical Students and Lecturers in German-speaking Central Europe[J]. BMC Medical Education, 2022, 22（1）.

［4］ Ströckl Daniela E, Perchtaler Manuela, Oberzaucher Johannes. Interdisciplinary Hackathons: A Method to Embed Digitization in Healthcare Education[J]. Studies in health technology and informatics, 2022, 293.

［5］ Kong Qianqian, Qiao Yong, Wu Mu En. Research and Application of Color of Qiuci Murals Based on Intelligent Digital Image Processing Technology[J]. Wireless Communications and Mobile Computing, 2022.

[6] Ha Le Thanh, Huong Tran Thi Lan, Thanh To Trung. Is Digitalization a Driver to Enhance Environmental Performance? An Empirical Investigation of European Countries[J]. Sustainable Production and Consumption, 2022, 32.

[7] Pryse J A. Practical Remote Workflow Solutions for Complex Digital Projects: Opportunities in a Pandemic[J]. Collections: A Journal for Museum and Archives Professionals, 2022, 18(2).

[8] Gandhi Darshan, Garg Tushar, Patel Love, et al. Artificial Intelligence in Gastrointestinal and Hepatic Imaging: Past, Present and Future Scopes[J]. Clinical Imaging, 2022, 87.

[9] Tan Yufei, She Xinlin, Zhou Cun, et al. The Motivation of Media Users and China's National Media Digitization Construction in the Post-COVID-19 Era [J]. Frontiers in Psychology, 2022.

[10] Kwon Koopo, Jun Sungchan, Lee YongJae, et al. Logistics Technology Forecasting Framework Using Patent Analysis for Technology Roadmap[J]. Sustainability, 2022, 14(9).

[11] Nandi Santosh, Sarkis Joseph, Hervani Aref Aghaei, et al. Redesigning Supply Chains Using Blockchain-enabled Circular Economy and COVID-19 Experiences[J]. Sustainable Production and Consumption, 2021, 27.

[12] Kudrle Robert T. Moves and Countermoves in the Digitization Challenges to International Taxation[J]. Technology in Society, 2021, 64.

[13] Krøtel Sarah M L. Digital Communication of Public Service Information and its Effect on Citizens' Perception of Received Information[J]. International Journal of Public Administration, 2021, 44(2).

[14] Mas José M, Gómez Andrés. Social Partners in the Digital Ecosystem: Will Business Organizations, Trade Unions and Government Organizations Survive

the Digital Revolution?[J]. Technological Forecasting & Social Change, 2021, 162.

[15] Samuel Adomako, Joseph Amankwah-Amoah, Shlomo Y. Tarba, et al. Perceived Corruption, Business Process Digitization, and SMEs' Degree of Internationalization in Sub-Saharan Africa[J]. Journal of Business Research, 2021, 123.

[16] Morewedge Carey K, Monga Ashwani, Palmatier Robert W, et al. Evolution of Consumption: A Psychological Ownership Framework[J]. Journal of Marketing, 2021, 85(1).

[17] Kliestik T, Ionescu Crina, Iordache Mihaela, et al. The Impact of Digitization on Economy in the Context of the Coronavirus Pandemic[J]. SHS Web of Conferences, 2021, 92.

[18] Morteza Ghobadi, Manoochehr Nasri, Masumeh Ahmadipari. Land Suitability Assessment (LSA) for Aquaculture Site Selection Via an Integrated GIS-DANP Multi-criteria Method; A Case Study of Lorestan Province, Iran[J]. Aquaculture, 2021, 530.

[19] Hong Xu, Wang Huaiping, Zhou Jianbin, et al. Peak Tailing Cancellation Techniques for Digital CR-(RC)n Filter[J]. Applied Radiation and Isotopes, 2021, 167(prepublish).

[20] Imani Sara M, Maclachlan Roderick, Chan Yuting, et al. Hierarchical Structures, with Submillimeter Patterns, Micrometer Wrinkles, and Nanoscale Decorations, Suppress Biofouling and Enable Rapid Droplet Digitization[J]. Small(Weinheim an der Bergstrasse, Germany), 2020.

[21] Emily Petruzzelli. A New Wave of Digitalization[J]. Chemical Engineering Progress, 2020, 116(9).

[22] Evin Allowen, Bonhomme Vincent, Claude Julien. Optimizing Digitalization Effort in Morphometrics[J]. Biology Methods & Protocols, 2020, 5 (1).

[23] Schmitz Lisa, Aulenkamp Jana, Bechler Daniel, et al. The Digitalization Aliens[J]. GMS Journal for Medical Education, 2020, 37 (6).

[24] Physics-Astronomy and Astrophysics. Reports on Astronomy and Astrophysics Findings from K. Lehtinen and Co-Researchers Provide New Insights (Digitization and Astrometric Calibration of Carte du Ciel Photographic Plates with Gaia DR1)[J]. Science Letter, 2018.

[25] Entropic Communications LLC. Patent Application Titled "Method And Apparatus For Digitization Of Broadband Analog Signals" Published Online (USPTO 20180262375)[J]. Journal of Engineering, 2018.

[26] Geology. Reports Summarize Geology Study Results from A.H. Bartlett and Co-Researchers (SKATE: A Web-Based Seismogram Digitization Tool)[J]. Computer Weekly News, 2018.

[27] Nanotechnology. Researchers at Yonsei University Release New Data on Nanotechnology (High-Definition X-Ray Imaging of Small Gecko Skin Surface Protuberances for Digitization and 3D Printing)[J]. Nanotechnology Weekly, 2018.

[28] Science-Library Science. Studies from University of Punjab Add New Findings in the Area of Library Science (Barriers to digitization in University Libraries of Pakistan: A Developing Country's Perspective)[J]. Information Technology Business, 2018.

[29] Fiix Inc.. Fiix Secures $12 Million Series B Funding to Help Blue-Collar Industries Drive Productivity Through Digitization[J]. Computer Weekly News, 2018.

[30] Microsoft Technology Licensing LLC. "Account Identifier Digitization Abstraction" in Patent Application Approval Process (USPTO 20180068302) [J]. Computer Weekly News, 2018.

[31] Frost &Sullivan. Digitization and IIoT-based Technologies Drive Demand for Global Enterprise Asset Management Software Solutions[J]. Computer Weekly News, 2018.

[32] Computers-Computer Graphics. New Data from University of Southern California Illuminate Findings in Computer Graphics (Avatar Digitization from a Single Image for Real-Time Rendering) [J]. Computer Weekly News, 2018.

[33] Orthosoft Inc.. Patent Issued for Device and Method for Hip-Knee-Ankle Angle Verification and Femoral Mechanical Axis Digitization (USPTO 9839533) [J]. Computers Networks & Communications, 2017.

[34] Patents. Patent Application Titled "Digitization of a Catalog of Retail Products" Published Online (USPTO 20170308939) [J]. Computer Weekly News, 2017.

[35] eClerx. eClerx Markets and FIA Technology Services FIA Tech Announce Successful Launch of EGUS Document Digitization Solution for The Global Futures Industry[J]. Journal of Engineering, 2017.

[36] Huawei. Huawei's Connections+Cloud, Dual Drivers of Digitization[J]. Network Business Weekly, 2017.

[37] Document Analysis and Recognition. Findings from University of Lyon Update Understanding of Document Analysis and Recognition (A Multi-one-class Dynamic Classifier for Adaptive Digitization of Document Streams) [J]. Journal of Robotics & Machine Learning, 2017.

[38] NCR Corporation. Raiffeisenbank Straubing eG Embraces Digitization with the Help of NCR[J]. Journal of Engineering, 2017.

[39] Color Research. Investigators at Faculty of Computer Science Detail Findings in Color Research（Precise Capture of Colors in Cultural Heritage Digitization）[J]. Journal of Technology & Science，2017.

[40] Frost & Sullivan. European Paints and Coatings Market Advances with Emerging Digitization, Smart and Multifunctional Coatings Technologies[J]. Journal of Engineering，2017.

[41] Research and Markets. Research and Markets Has Announced the Launch of their BP Plc Market Research Portal[J]. Energy Weekly News，2017.

[42] Pramata. Pramata to Sponsor Harvard Business Review Webinar on Keys to an Effective Data Strategy for Revenue Growth[J]. Journal of Engineering，2017.

[43] Industrial Technology Research Institute. "Semiconductor Package Structure" in Patent Application Approval Process（USPTO 20170084521）[J]. Electronics Newsweekly，2017.

[44] Analog Devices Inc.. Patent Issued for Relaxed Digitization System Linearization （USPTO 9595982）[J]. Electronics Newsweekly，2017.

[45] 宋清华，钟启明，温湖炜. 产业数字化与企业全要素生产率——来自中国制造业上市公司的证据[J]. 海南大学学报（人文社会科学版），2022（4）：74-84.

[46] 顾雅青. 数字化转型赋能文旅行业复苏[N]. 中国社会科学报，2022-03-24（7）.

[47] 肖潇. 浅析中国财富管理机构竞争格局及未来展望[J]. 中国商论，2022（5）：90-92.

[48] 张玉利，尚妤，田莉. 制造业服务化升级的战略路径——以三一重工集团为例[J]. 清华管理评论，2022（3）：106-112.

[49] 刘腾飞，王艳红，王菁菁. 以"新基建"助推我国制造业数字化转型升级[J].

时代经贸，2022，19（2）：116-119.

［50］ 余薇，胡大立. 数字经济时代企业家能力对企业创新绩效的影响 [J]. 江西社会科学，2022，42（2）：183-195+208.

［51］ 赵华伟，李天才，董晓旭. 特色商业街数字化转型升级的内容与路径分析——基于对上海特色商业街的调查 [J]. 商业经济研究，2022（3）：28-31.

［52］ 秦永胜，初云生，武艳. 数字技术驱动集团财务共享中心的转型升级——基于淮北矿业集团的管理实践 [J]. 管理会计研究，2022（1）：24-31.

［53］ 宋晨. "数字化"加速产业升级 [N]. 经济参考报，2021-12-30（6）.

［54］ 腾云. 70%中小微企业期待数字化转型 [J]. 数字经济，2021（12）：69-71.

［55］ 蔡婷婷，吴松强. 数字经济赋能我国先进制造业：国际经验与借鉴 [J]. 决策与信息，2021（12）：72-79.

［56］ 陈亮，王宁. 我国制造类企业数字化转型升级的挑战和机遇 [J]. 中国商论，2021（21）：123-125.

［57］ 杰夫·艾略特，项阳. 数字化升级与数字化转型有何不同？[J]. 中国教育网络，2021（11）：44-51.

［58］ 陈威如，王节祥. 依附式升级：平台生态系统中参与者的数字化转型战略 [J]. 管理世界，2021，37（10）：195-214.

［59］ 申培. 钢铁制造：数字经济的蝶变 [J]. 数字经济，2021（8）：40-43.

［60］ 肖亚庆. 大力推动数字经济高质量发展 [J]. 中国信息化，2021（8）：5-7.

［61］ 张颖川. 智慧物流发展路径与趋势——访德国弗劳恩霍夫物流研究院中国首席科学家房殿军教授 [J]. 中国物流与采购，2021（16）：19-21.

［62］ 陈堂，陈光. 数字化转型对产业结构升级的空间效应研究——基于静态和动态空间面板模型的实证分析 [J]. 经济与管理研究，2021，42（8）：30-51.

［63］ 任俊峰. 双循环新发展格局下我国大宗商品流通体系的转型升级路径 [J]. 商业经济研究，2021（8）：16-19.

[64] 张莉. 数字化新业态助推传统产业转型升级 [J]. 中国对外贸易, 2021（4）: 24-26.

[65] 祝合良, 王春娟. "双循环"新发展格局战略背景下产业数字化转型: 理论与对策 [J]. 财贸经济, 2021, 42（3）: 14-27.

[66] 孟天广. 政府数字化转型的要素、机制与路径———兼论"技术赋能"与"技术赋权"的双向驱动 [J]. 治理研究, 2021, 37（1）: 5-14+2.

[67] 殷浩栋, 霍鹏, 汪三贵. 农业农村数字化转型: 现实表征、影响机理与推进策略 [J]. 改革, 2020（12）: 48-56.

[68] 王德辉, 吴子昂. 数字经济促进我国制造业转型升级的机制与对策研究 [J]. 长白学刊, 2020（6）: 92-99.

[69] 李刚, 黄思枫. 全球新冠疫情背景下我国中小企业生存与发展对策研究——基于数字化转型和商业模式升级应对策略分析 [J]. 价格理论与实践, 2020（7）: 13-16.

[70] 王开科, 吴国兵, 章贵军. 数字经济发展改善了生产效率吗 [J]. 经济学家, 2020（10）: 24-34.

[71] 何伟, 张伟东, 王超贤. 面向数字化转型的"互联网+"战略升级研究 [J]. 中国工程科学, 2020, 22（4）: 10-17.

[72] 黄璜. 平台驱动的数字政府: 能力、转型与现代化 [J]. 电子政务, 2020（7）: 2-30.

[73] 刘洋, 董久钰, 魏江. 数字创新管理: 理论框架与未来研究 [J]. 管理世界, 2020, 36（7）: 198-217+219.

[74] 池毛毛, 叶丁菱, 王俊晶, 翟姗姗. 我国中小制造企业如何提升新产品开发绩效——基于数字化赋能的视角 [J]. 南开管理评论, 2020, 23（3）: 63-75.

[75] 戚聿东, 肖旭. 数字经济时代的企业管理变革 [J]. 管理世界, 2020, 36（6）: 135-152+250.

[76] 陈冬梅，王俐珍，陈安霓. 数字化与战略管理理论——回顾、挑战与展望 [J]. 管理世界，2020，36（5）：220-236+20.

[77] 李春发，李冬冬，周驰. 数字经济驱动制造业转型升级的作用机理——基于产业链视角的分析 [J]. 商业研究，2020（2）：73-82.

[78] 张庆龙. 数字化转型背景下的财务共享服务升级再造研究 [J]. 中国注册会计师，2020（1）：102-106.

[79] 董小英，胡燕妮，晏梦灵. 从追赶到领先——华为战略升级与转型路径解析 [J]. 清华管理评论，2019（11）：76-83.

[80] 王伟玲. 加快实施数字政府战略：现实困境与破解路径 [J]. 电子政务，2019（12）：86-94.

[81] 吕铁. 传统产业数字化转型的趋向与路径 [J]. 人民论坛·学术前沿，2019（18）：13-19.

[82] 沈恒超. 中国制造业数字化转型的特点、问题与对策 [J]. 中国经济报告，2019（5）：102-107.

[83] 王强，刘玉奇. 新零售引领的数字化转型与全产业链升级研究——基于多案例的数字化实践 [J]. 商业经济研究，2019（18）：5-8.

[84] 肖旭，戚聿东. 产业数字化转型的价值维度与理论逻辑 [J]. 改革，2019（8）：61-70.

[85] 孙志燕，侯永志. 对我国区域不平衡发展的多视角观察和政策应对 [J]. 管理世界，2019，35（8）：1-8.

[86] 国务院发展研究中心"我国数字经济发展与政策研究"课题组马名杰，田杰棠，戴建军，等. 我国制造业数字化转型的特点、问题与对策 [J]. 发展研究，2019（6）：9-13.

[87] 何帆，刘红霞. 数字经济视角下实体企业数字化变革的业绩提升效应评估 [J]. 改革，2019（04）：137-148.

[88] 刘洋, 匙光, 张士然. 数字资产运营促管理升级 [J]. 企业管理, 2018（10）: 103-104.

[89] 张于喆. 数字经济驱动产业结构向中高端迈进的发展思路与主要任务 [J]. 经济纵横, 2018（9）: 85-91.

[90] 刘淑春. 数字政府战略意蕴、技术构架与路径设计——基于浙江改革的实践与探索 [J]. 中国行政管理, 2018（9）: 37-45.

[91] 严若森, 钱向阳. 数字经济时代下中国运营商数字化转型的战略分析 [J]. 中国软科学, 2018（4）: 172-182.

[92] 曹正勇. 数字经济背景下促进我国工业高质量发展的新制造模式研究 [J]. 理论探讨, 2018（2）: 99-104.

[93] 孟凡生, 赵刚. 传统制造向智能制造发展影响因素研究 [J]. 科技进步与对策, 2018, 35（1）: 66-72.

[94] 任昌辉. 试论我国报业数字化转型的困境及升级路径 [J]. 东南传播, 2014（10）: 77-78.

[95] 左健, 孙辉. 复合出版与传统出版社数字化转型 [J]. 中国出版, 2010（8）: 44-48.

[96] 朱建良, 王廷才, 李成, 文丹枫. 数字经济 [M]. 北京: 人民邮电出版社, 2017.